JN087639

会計学

会計学 （'24）

装丁デザイン：牧野剛士
本文デザイン：畑中　猛

s-32

まえがき

　本書は、放送大学の講義用に作成した、会計学の基本書です。

　会計は、ビジネスの世界における共通言語といわれています。貸借対照表や損益計算書といった財務諸表は、およそビジネスの世界で仕事をした人であれば目にした経験があるでしょう。これらの財務諸表は、会計が利用者とのコミュニケーションのために生み出すアウトプットです。

　会計は、企業の経済活動を記録するシステムでもあります。企業そのものはもちろん、企業で働く人たちにとっても、自らの経済活動を記録するシステムは、過去をふり返り、将来の意思決定に役立てるうえで重要です。

　本書の執筆にあたっては、法令や会計基準に準拠しているのは当然ですが、あえてそれらへの参照は省きました。会計は、「経験の蒸留」という言葉に表現されるように、もともとは実務の積み重ねで作り上げられてきたものです。むしろ、ビジネスの世界における肌感覚を学んでほしいと思いました。こういう取引であれば、こういうふうに記録するだろう、という想像ができるようになれば、そうした肌感覚を身に着けたことになると思います。

　放送大学の講義では、会計学について、初学者をも念頭に、丁寧に説明していく予定です。本書を読んで、講義を聞いて、さらに本書をまた読むことによって、理解はどんどん進んでいくと思います。

　なお、会計学や簿記に関連して、様々な国家試験や検定試験が行われています。是非とも、理解の確認と目標の達成を体感するためにも、これらの試験に挑戦してみてください。しっかりと学んだ証となるはずです。

　受講者の皆さんの健闘を祈っております。

　本書の校正作業において、吉野真治氏（早稲田大学専任講師）から協力を得ました。また、齋藤正章教授をはじめとする放送大学の関係の皆様、株式会社研文社の中井陽様には、企画・編集の段階で大変お世話になりました。この場をお借りして、厚く御礼申しあげる次第です。

2023 年 11 月

川村　義則

目次

まえがき　　3

1 会計の意義　　　　　　　　　　9

1. 会計と会計学　　10
2. 会計の役割　　12
3. 会計における基礎的前提　　16
4. ストックとフロー　　19
5. 貸借対照表と損益計算書　　20
6. 貸借対照表と損益計算書の関係　　23

2 複式簿記の仕組み　　　　　　25

1. 複式簿記の意義　　25
2. 勘定　　26
3. 取引　　29
4. 仕訳と転記　　30

3 簿記一巡の手続　　　　　　　32

1. 簿記一巡の手続の意義　　32
2. 仕訳と転記　　34
3. 試算表の作成　　38
4. 決算整理手続　　40
5. 損益振替手続　　41
6. 資本振替手続　　42
7. 帳簿の締切り　　42

4 貸借対照表と損益計算書の作成　48
　1．財務諸表の作成　48
　2．財産法と損益法　51
　3．現金主義会計と発生主義会計　53

5 資産会計（総論）　58
　1．資産の意義　58
　2．資産の分類　60
　3．資産の評価　65
　4．費用配分の原則　66
　5．現在価値の利用　67

6 資産会計（流動資産）　69
　1．流動資産の意義　70
　2．当座資産　71
　3．棚卸資産　74
　4．その他の流動資産　83

7 資産会計（有形固定資産）　86
　1．有形固定資産の意義　87
　2．有形固定資産の取得原価　88
　3．減価償却　89
　4．減損会計　94
　5．ファイナンス・リース取引による有形固定資産の取得　97

8 資産会計
（無形固定資産・投資その他の資産）　102
　1．無形固定資産の意義　103
　2．無形固定資産の取得原価　105
　3．無形固定資産の償却　106

　　　4．投資その他の資産　110

9 | 負債会計（総論・流動負債） 119

　　　1．負債の意義・分類・評価　120
　　　2．流動負債の意義　123
　　　3．営業債務　123
　　　4．その他の流動負債　124
　　　5．引当金　125

10 | 負債会計（固定負債） 131

　　　1．固定負債の意義　132
　　　2．長期借入金　132
　　　3．リース債務　133
　　　4．社債　133
　　　5．資産除去債務　137
　　　6．退職給付引当金　141

11 | 資本会計 146

　　　1．純資産と株主資本　146
　　　2．資本取引と損益取引　149
　　　3．純資産の部の表示　150
　　　4．資本金と資本剰余金　153
　　　5．利益剰余金　155
　　　6．自己株式　157
　　　7．評価・換算差額等　159
　　　8．新株予約権と株式引受権　160

12 | 損益会計 163

　　　1．収益と費用　164
　　　2．売上高　166
　　　3．売上原価　177

4．販売費及び一般管理費　178

5．営業外収益と営業外費用　179

6．特別利益と特別損失　180

7．法人税、住民税及び事業税　180

13 ｜ 財務諸表　　　　　　　　　　188

1．財務諸表の体系　189

2．貸借対照表　190

3．損益計算書　191

4．株主資本等変動計算書　193

5．キャッシュ・フロー計算書　194

6．注記　197

14 ｜ 連結財務諸表　　　　　　　198

1．連結財務諸表の意義　199

2．子会社の範囲　200

3．投資と資本の相殺消去　200

4．債権債務の相殺消去　209

5．連結会社間取引の相殺消去　209

6．未実現利益の消去　210

7．持分法　211

8．連結財務諸表の作成　213

9．連結財務諸表の様式　215

15 ｜ 財務会計の展開　　　　　　220

1．財務諸表のディスクロージャー　220

2．財務諸表の監査　223

3．指定国際会計基準による連結財務諸表の作成　224

4．非営利法人会計と公会計　225

5．サステナビリティに関する情報開示　227

索　引　228

1 | 会計の意義

《**本章のポイントと学習の目標**》
- 会計とは、経済主体が行う経済活動を貨幣額によって記録し、処理し、かつ、伝達する行為をいう。会計による情報伝達は、主に財務諸表を通じて行われる。
- 会計を行う経済主体には様々なものがあるが、本書では、会計を行う代表的な経済主体として企業を想定する。企業には、個人企業のほか、法人格を有する会社もある。さらに本書では、企業として、代表的な企業形態である、株式会社を想定する。
- 会計の役割には、大別して、情報提供機能、受託責任遂行機能及び利害調整機能があるといわれている。
- 会計における基礎的前提のことを会計公準という。会計公準には、会計実体の公準、会計期間の公準及び貨幣的測定の公準がある。
- 主要な財務諸表には、貸借対照表と損益計算書がある。貸借対照表は、一定時点におけるストックの状態を表示する計算書であり、資産、負債及び資本を表示する。損益計算書は、一定期間におけるフロー状態を表示する計算書であり、収益及び費用を表示して、両者の差額として当期純利益を表示する。
- 貸借対照表と損益計算書は、複式簿記の仕組みを通じて相互に影響しあう形式で、密接に連繋している。

《**キーワード**》 会計、企業、会計情報、会計公準、会計期間、ストックとフロー、資本と利益、貸借対照表、損益計算書、財務諸表

1. 会計と会計学

　会計とは、経済主体が行う経済活動を貨幣額によって記録し、処理し、かつ、伝達する行為をいいます。

　会計を行う主体は経済主体であり、経済主体には経済活動を行う自然人や家族も含まれます。子供が小遣帳を作成する行為や家族単位で家計簿を作成する行為も、会計の一つの形態です。しかし、一般に、会計を行う経済主体として想定されるものは、企業です。企業が行う会計は、とくに企業会計と呼ばれています。

　企業とは、営利目的をもって継続的に活動する経済主体をいいます。企業には、個人が営む個人企業もあれば、法人が営む法人企業もあります。とくに、会社法の定めに従って設立された営利を目的とする法人を会社といい、会社もまた企業の一つです。

　なお、営利を目的としない組織も数多く存在します。国や地方公共団体は、営利を目的としていない公的部門の組織です。公益法人、学校法人、社会福祉法人などの非営利法人は、営利を目的としない民間部門の非営利法人です。

　会計の対象は、経済主体の行う経済活動です。経済活動は、経済的資源を創出したり、消費したりする活動です。経済的資源とは、希少性を有するために価値をもった資源をいいます。

　自然人が行う経済活動には、労働を提供して所得を得る活動や財又はサービスを購入したり消費したりする活動が含まれます。

　企業が行う活動は、そのほとんどが経済活動です。企業は、供給者（取引先）などの他の経済主体から経済的資源である財又はサービスを購入し、これに当該企業が加工を施して、新たな財又はサービスを創造し、顧客などの他の経済主体に提供します。これらの一連の活動は、企業が

行う経済活動です。会計は、これらの経済活動を対象とします。なお、企業が意図しない外部的要因によって生じる経済事象も、当該企業に帰属する場合には、会計の対象となります。例えば、ある企業に帰属する建物に火災が生じた場合、火災という事象は、企業が行う経済活動といいにくい事象ですが、当該企業に帰属する経済事象として、当該企業が行う会計の対象となります。

　会計という行為には、記録、測定及び報告が含まれます。このような行為は、貨幣額によって行われます。もちろんこれらの行為を行う過程において物量単位も利用されますが、会計では、最終的に金額単位で表現されることになります。

　会計に含まれる行為のうち、記録は、経済主体が行う経済活動を歴史として記憶しておく行為で、過去の記録は当該経済主体が行う将来の意思決定に役立てることができます。記録は、一般に、帳簿という書面に記入する形式で行います。（もちろん、現代においては、コンピュータの画面を通じて行われますし、各種の入力支援システムが存在します。）

　記録を行うに際しては、記録の対象となるものに対して貨幣による評価額を付すことが必要となるため、測定という行為が付随します。測定の出発点は、経済主体が行う取引に付された価格（取引価格）です。さらに、会計は、経済活動の記録を整理して、利用者が理解しやすい形式に処理（計算）し、測定に反映させます。また、市場において観察される価格などの情報を入手して、測定に役立てる場合もあります。

　一定の観点から処理された会計記録は、財務諸表などの会計情報として取りまとめられ、利用者に対して報告（伝達）されます。利用者は、報告された会計情報を、自らの意思決定に役立てます。言い換えれば、会計は、会計情報の報告（伝達）を通じて利用者の意思決定を改善するこ

図表 1-1　会計の意義

会計 { 主体　経済主体 / 対象　経済活動・経済事象 / 行為　記録・測定・報告 }

とができます。会計の意義について、それを構成する要素別に図解すると、**図表1-1**のようになります。

　会計学は、会計を対象とする学問です。会計学の用語は、広くビジネスの世界で用いられる言語ですので、会計学は、ビジネスの世界での言語とその仕組みを学ぶ学問であると言い換えることもできるでしょう。

2. 会計の役割

　会計の歴史は古く、その歴史的な過程の中で発展してきた会計の役割には、様々なものが考えられます。そうした様々な会計の役割を整理することは必ずしも容易なことではありませんが、一般には、次のような諸点にまとめることができます。

1. 利用者の意思決定のために役立つ情報を提供すること
3. 経済的資源の委託者に対する受託責任を遂行すること
2. 利害関係者間の利害を調整すること

（1）　利用者の意思決定のために役立つ情報を提供すること

　まず、会計は、経済活動の記録・測定を通じて会計情報を作成し、財務諸表などの形式で利用者に伝達します。財務諸表の利用者は、会計情報を得ることによって、自らの意思決定を改善させることができます。このような会計の役割は、会計の情報提供機能と呼ばれています。

　財務諸表の利用者には、企業の内部利用者と外部利用者が存在します。内部利用者は、企業の経営者を指し、経営者は、自ら作成した会計情報を企業経営上の意思決定に役立てることができます。また、外部利用者には、企業に資金を提供する出資者（株主）や債権者（銀行など）、顧客、取引先、従業員、地域住民、一般消費者、国・地方公共団体などが含まれます。このうち、主な外部利用者は、出資者や債権者などの資

金提供者です。例えば、株主は、会計情報を得て、現在保有している株式を保有するのか、売却するのか、あるいは追加購入するのかに関する意思決定を行います。また、銀行などの債権者であれば、企業に資金を貸し付けるのか否か、貸し付けるとするならばどの程度の金利で貸し付けるかを決めることができますし、貸し付けた後でも貸付先の企業の状況について会計情報を用いて注視（モニター）することができます。さらに、将来の潜在的な株主等となりうる投資者も、現在株式等を保有していなくとも、外部利用者となり得ます。

　会計情報を提供する企業の側にも、メリットがあります。一般に、企業と外部利用者との間には情報の非対称性が存在するといわれています。企業及びその経営者は、当然のことながら、自らの状況については外部利用者より詳しく知っている立場にあり、外部利用者は多くの情報を知ることはできません。このような情報の非対称性が存在する場合には、株主が適正な価格で株式を売買したり、債権者が貸付の可否や条件について適切な判断を行うことができず、しばしば企業にとって不利な状況をもたらすことがあります（例えば、株価が割安になったり、貸付が認められなかったりします。）。企業は、適切な会計情報を提供し、市場から適切に評価してもらうことによって、このような不利な状況を回避し、便益を享受することができます。

　図表1-2は、以上のような会計の情報提供機能を図解しています。

図表1-2　会計の情報提供機能

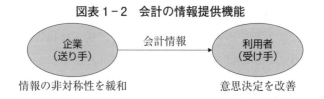

企業
（送り手）

会計情報

利用者
（受け手）

情報の非対称性を緩和　　　　　　　　　意思決定を改善

（2） 経済的資源の委託者に対する受託責任を遂行すること

　企業は、株主などの経済的資源の委託者から資源を受託し、これを用いて経済活動を行います。経済的資源の受託者である企業は、このような経済的資源の委託者に対して、資源をどのように運用し、どのような成果を得ているかについて説明する義務を負っています。この受託者たる企業が負う義務のことを受託責任（stewardship）と呼んでいます。また、この義務は、会計責任又は説明責任（accountability）といわれることもあります。

　企業は、自らが負担する受託責任を遂行するために、会計を用います。会計が生み出す財務諸表は、受託者たる企業が委託者たる株主や債権者に対して、委託された経済的資源の状況やそれを投資して得た成果について説明するための手段となります。会計が果たすこのような役割は、受託責任遂行機能と呼ばれています。

　図表1-3は、以上のような会計の受託責任遂行機能を図解しています。

図表1-3　会計の受託責任遂行機能

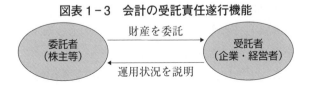

（3） 利害関係者間の利害を調整すること

　会計が果たすもう一つの役割として、会計は様々な利害関係者の利害の調整を行うことが挙げられます。すでに述べたように、企業を取り巻く利害関係者は、株主、債権者、顧客、取引先、従業員等、様々ですが、彼らの利害は、同じ方向に向いているものもあれば対立しているものも

あります。例えば、当年度の利益が大きくなることは、多くの利害関係者にとってはプラスになることですが、当年度の株主への配当を大きくすることは、株主にとっては投資額からの成果を現金で受け取るという意味で有利なことであるのに対して、債権者にとっては株主に配当した額だけ企業の資産が減少し、貸し付けた債権が債務不履行となるリスクを高めることになります。つまり、配当は、株主にとってのリスクを減少させるものの、債権者にとってのリスクを増加させることになります。このような場合において、会計が作り出す利益の額を基礎として配当の額を決めることによって、債権者のリスクを過度に高めることなく株主に対して適切な利益の還元を行うことができるようになり、株主と債権者との間の利害の調整を行うことができます。このような会計の役割は、利害調整機能と呼ばれています。

　その他にも、利害関係者間の利害対立は、様々な局面で生じます。仕入先の仕入価格の上昇は、顧客への販売価格の引上げや従業員の給料の引下げにつながるかもしれません。従業員の給料を引き上げると、株主への配当が減少するかもしれませんし、債権者にとって債務不履行のリスクが高まるかもしれません。

　会計は、このような利害対立に対して、有益な情報を提供しています。とくに利益は、利害調整にとって最も有益な情報と考えられています。当期に多額の利益が生じているのであれば、従業員への給料を引き上げる材料となるでしょう。逆に損失が続いているような状況であれば、株主への配当をあきらめざるを得なくなるかもしれません。

　図表 1-4 は、以上のような会計の利害調整機能を図解しています。

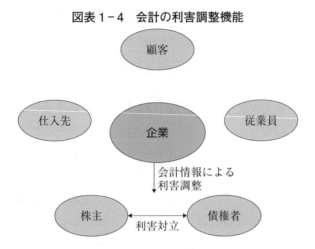

図表1-4　会計の利害調整機能

3. 会計における基礎的前提

　会計には、いくつかの基礎的前提があります。会計における基礎的前提のことを会計公準と呼んでいます。このような基礎的前提の存在なしには、会計は安定的にその役割を果たすことができません。

　会計学は、このような会計公準の理論（会計公準論）を下部（基礎）構造に置いて、その上に、会計原則論を中間構造に、さらに会計手続論を上部構造に位置付けることによって理論体系を構築しています。例えば、後述しますが、会計では、建物などの有形固定資産について減価償却という会計手続を適用します。この会計手続は費用配分の原則という会計原則に支えられ、さらに費用配分の原則は会計期間の公準という会計公準によって支えられています。

　図表1-5は、以上のような会計理論の構造を図解しています。

　会計公準には、一般に会計実体の公準、会計期間の公準及び貨幣的測定の公準の3つがあるといわれています。以下では、それぞれの会計公

準について詳しく説明していきます。

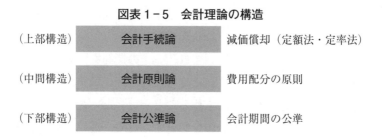

図表 1-5 会計理論の構造

(上部構造)	会計手続論	減価償却（定額法・定率法）
(中間構造)	会計原則論	費用配分の原則
(下部構造)	会計公準論	会計期間の公準

（1） 会計実体の公準

　まず、会計実体の公準は、会計が行われる場所を限定します。会計においては、ある経済活動（取引）がどの経済主体の会計の対象となるかが問題となります。会計は、特定の実体（entity）に帰属する経済活動を記録の対象とします。とくに、企業会計では、企業を会計実体と考えます。このため、会計実体の公準は、企業実体の公準と呼ばれることもあります。

　なお、企業の形態には様々なものが考えられます。最も原初的な形態は、個人事業主が営む個人企業です。通常、企業は、より大きな規模を目指して活動するので会社の形態をとることがほとんどです。会社にも様々な形態がありますが、今日において最も一般的な形態は株式会社です。株式会社は、株主が会社の有限責任社員として出資する会社です。

　また、詳しくは、第14章で学びますが、企業が複数の会社によって構成される場合があります。このような企業は、特に企業集団と呼ばれることがあります。法人格を有する会社を会計実体として作成する財務諸表は、個別（単体）財務諸表と呼ばれ、企業集団を会計実体として作成する財務諸表は、連結財務諸表と呼ばれています。

（2） 会計期間の公準

　会計期間の公準は、会計を行うに際して会計期間を設定しなければならないという基礎的前提です。今日の企業は、長期間にわたり継続して企業活動を行います。このような企業を継続企業（ゴーイングコンサーン）といいます。継続企業については、一定の期間を区切って定期的に状況を確認する必要があります。そうしないと、いつまで経ってもまとまった会計情報を提供する機会を作ることができないためです。会計期間の公準は、このような継続企業を想定するため、継続企業の公準と呼ばれることもあります。

　このような人為的な区切りは、会計期間と呼ばれています。会計期間は通常1年を単位として設定しますが、例えば半年（半期）や3か月（四半期）を単位として設定する場合もあります。大きな企業では、内部的に、通常1か月ごとに財務諸表を作成して、取締役会などにおいて企業活動の進捗状況について確認が行われています。

（3） 貨幣的測定の公準

　貨幣的測定の公準は、会計が貨幣という統一的な測定単位を用いて行われることを要請する基礎的前提です。測定という行為においては、測定の単位が必要です。会計では、貨幣を単位として測定が行われます。例えば、日本円やUSドルなどが用いられます。

　もちろん貨幣的な測定を行うプロセスにおいて、個やkgなどの物量単位も考慮されますが、最終的な情報として貨幣単位で表現されるものが会計の対象となります。

　なお、企業活動を国際的に展開する企業は、複数の貨幣単位を用いて財務諸表を作成します。そのため、最終的な連結財務諸表において用いられる通貨（報告通貨といいます）に統一するための作業が必要となり

ます。このような報告通貨へ貨幣単位を統一するための会計は、外貨換算会計と呼ばれています。

4. ストックとフロー

　会計においては、ストックとフローという2つの測定値が用いられています。ストックは、ある一定時点における有高をいいます。それに対してフローは、ある一定期間における流量を表しています。ストックとフローについては、**図表1-6**のような、しばしばタンクに入った水がその説明に用いられます。このタンクには、流入口と流出口があります。例えば、1月1日現在の貯水量（水かさ）が100ℓで、1月31日現在の貯水量が130ℓであったとします。これらの貯水量は、一定時点における有高を示していますので、ストックの測定値です。この例では、1月中に30ℓだけ増加していますが、1月中に増加した30ℓという測定値は、フローを表しています。

　ストックとフローは、密接な関係を持っています。ストックの一期間における変動がフローを表しています。逆にいうと、フローの累計額がストックでもあります。先ほどの例では、以下のような関係があります。

　　　当期フロー 30ℓ＝期末ストック 130ℓ－期首ストック 100ℓ

　　　期末ストック 130ℓ＝期首ストック 100ℓ＋当期フロー 30ℓ

　会計における代表的なストックとしては、資産及び負債（さらにその差額としての資本）が挙げられます。また、代表的なフローとしては、収益及び費用（さらにその差額としての利益）が挙げられます。会計に

図表1-6　ストックとフロー

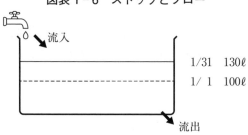

おいて、ストックを表す資産・負債・資本と、フローを表す収益・費用・利益とには、密接な関係が存在しています。

5. 貸借対照表と損益計算書

　会計では、ストックを要約した計算書とフローを要約した計算書の2つを用いて経済主体の活動を表現します。ストックを要約する計算書は貸借対照表、フローを要約する計算書は損益計算書と呼ばれています。貸借対照表には資産・負債・資本が記載され、損益計算書には収益・費用・利益が記載されます。貸借対照表と損益計算書は、財務諸表の重要な一部を構成しています。

　ここである会計期間を想定してみましょう。会計期間には、**図表1-7**のように、そのスタートとなる期首とエンドとなる期末が存在します。通常、会計期間の期首と期末のそれぞれの時点において貸借対照表が作成されます。会計期間については、損益計算書が作成されます。

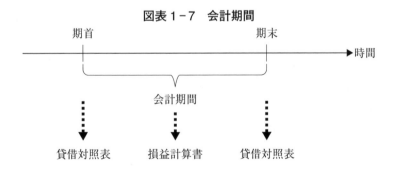

図表1-7　会計期間

　企業の活動は、貸借対照表（ストック）→損益計算書（フロー）→貸借対照表（ストック）というように、貸借対照表と損益計算書を交互に作成することによって表現されます。前節の水を貯めるタンクの例でい

えば、100ℓ（ストック）→ 30ℓ（フロー）→ 130ℓ（ストック）というように表現されます。**図表1-8**は、このようなストックとフローの連繋について説明しています。

図表1-8　ストックとフローの連繋

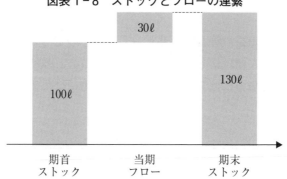

さらに、貸借対照表と損益計算書の内容について詳しく検討していきます。まず、貸借対照表においては、資産・負債・資本が記載されますが、これらの貸借対照表の構成要素の関係は、次のように示されます。

　　資産＝負債＋資本

この等式は、会計において常に成立する等式で、貸借対照表等式と呼ばれています。また、これを変形すると、

　　資産－負債＝資本

となります。この等式は、資本等式と呼ばれていて、資産から負債を差し引くことによって資本が算定されることを表しています。

　一方、損益計算書においては、収益・費用・利益が記載されますが、これらの損益計算書の構成要素の関係は、次のように示されます。

　　費用＋利益＝収益

この等式も、会計において常に成立する等式で、損益計算書等式と呼ばれています。また、これを変形すると、

　　　　収益－費用＝利益

となります。この等式は、後述する損益法によって利益を算定する等式で、収益から費用を差し引くことによって利益が算定されることを表しています。

　貸借対照表と損益計算書は、通常、Ｔ字型の勘定という形式で表現されます。勘定の左側は借方と呼ばれ、右側は貸方と呼ばれます。

　貸借対照表の借方には資産が記載され、貸方には負債及び資本が記載されます。

```
（借方）        貸借対照表        （貸方）

                                負  債
        資  産
                                資  本
```

　また、損益計算書の借方には費用及び利益が記載され、貸方には収益が記載されます。

```
（借方）        損益計算書        （貸方）

        費  用
                                収  益
        利  益
```

　それぞれの勘定の形式において、上述した、貸借対照表等式と損益計算書等式が表現されていることを確認してください。

　なお、貸借対照表と損益計算書には、特有の関係があって、借方と貸方に何を記載するかが相互依存的に決まっています。ここでは、一定の決まりごとがあると理解して、資産、負債、資本、収益、費用及び利益がそれぞれどこに記載されるのか、覚えてください。順次説明していきます。

6.　貸借対照表と損益計算書の関係

　会計の骨格だけを示すと、資産及び負債のストックは資本に集約され、収益及び費用のフローは利益に集約されることになります。上述した水を貯めるタンクの例と同様に、期首において 100 の資本が存在し、期末において 130 の資本が存在していると考えると、当期の利益は 30 となります。

　貸借対照表と損益計算書には、密接な関係があります。両者の関係を理解する上で重要なものは資本と利益です。企業の活動の成果である収益性（profitability）は、資本に対してどれだけの利益を得ることができたかによって表現されます。資本に対する利益の割合を資本利益率といいます。

$$資本利益率 = \frac{利益}{資本}$$

　利益は、次のように、ストックとフローの両面から表現することが可能です。

　まず、企業の一定時点における資本は企業活動の成果に応じて増減します。一定期間における資本の変動は、利益として把握されます。

　　　　利益＝期末資本−期首資本

すなわち、利益は、期末の資本から期首の資本を差し引いた差額として把握されます。

　また、利益は、一定期間における収益と費用から表現することができます。

　　　利益＝収益－費用

ここで、収益は企業活動の成果であり、その成果を得るために要した犠牲が費用です。利益は一定期間における企業活動の成果の総額からその成果を得るために要した犠牲の総額を差し引いた正味の成果を表します。上述したタンクの例でいえば、流入する水量が収益で、流出する水量が費用です。

　このようにストックである資本から計算される利益の計算方法を財産法といい、フローである収益と費用から計算される利益の計算方法を損益法といいます。タンクの例からも明らかなように、上述したストックから計算される利益もフローから計算される利益も同額であることから、次のような関係式が導出されます。

　　　期末資本－期首資本＝収益－費用

　　　（期末資産－期末負債）－期首資本＝収益－費用

　これを整理すると、次の式が得られます。

　　　期末資産＋費用＝期末負債＋期首資本＋収益

　詳しくは次章以降で説明しますが、この式は試算表等式と呼ばれ、企業会計における最も重要な等式の一つとされています。どのような企業であれ、どの時点であれ、この試算表等式が常に成り立っています。そして、この試算表等式こそが、貸借対照表と損益計算書のそれぞれに何が記載されるかを決定する原理を表しています。

2 | 複式簿記の仕組み

《本章のポイントと学習の目標》
- 企業会計においては、複式簿記によって企業活動の記録を行う。
- 複式簿記では、勘定を設け、借方と貸方という2つの面から記録を行う。
- 資産について、増加は借方に記入し、減少は貸方に記入する。負債及び資本について、増加は貸方に記入し、減少は借方に記入する。
- 収益について、発生は貸方に記入し、消滅は借方に記入する。費用について、発生は借方に記入し、消滅は貸方に記入する。
- 複式簿記では、企業活動を取引という単位で識別し、記録を行う。
- 取引は、借方の要素と貸方の要素に分解され、仕訳の形式で記録される。
- 仕訳によって記録された借方の要素と貸方の要素は、それぞれの勘定に転記される。

《キーワード》 複式簿記、勘定、取引、仕訳と転記

1. 複式簿記の意義

　企業会計においては複式簿記という技術を用いて企業活動の記録を行います。そもそも簿記というのは、経済活動を記録する技術をいいます。複式簿記は、簿記の中の一つの種類ではありますが、最も一般的なものとなっています。特に企業会計で簿記といえば、この複式簿記のことを指すといってよいでしょう。複式簿記は、借方と貸方という2つの面から企業の経済活動を観察して、これを記録する技術です。

2. 勘定

　複式簿記においては、まず、「勘定」という計算の単位（場所）を設定します。勘定は、財務諸表の構成要素である、資産・負債・資本・収益・費用を細分化する形で設定されます。最も重要な勘定の一つには、現金勘定があります。勘定は、一般に、Ｔ字型の形式で示され、勘定の左側を借方といい、右側を貸方といいます。現金勘定の形式を示すと、次のようになります。

　資産に属する現金勘定は、借方にプラスの金額を記入することになっています。そして、借方と貸方は、正負の符号が逆になる関係になっています。その結果、現金勘定において、現金の増加は借方に記入し、現金の減少は貸方に記入することになります。例えば、1月1日において1,000円の現金が増加したとします。その場合、現金勘定の借方に日付と金額を「1/1　1,000」というように記入します。

　さらに、その後1月10日に600円の現金が増加し、1月22日に300円の現金が減少したとします。その場合、「1/10　600」を現金勘定の借方に記入し、「1/22　300」を現金勘定の貸方に記入します。これらの現金の増減について、実際に現金勘定に記入してみますと、次のようになります。

現　　　金

1/ 1	1,000	1/22	300
1/10	600		

　それぞれの勘定では、借方の金額と貸方の金額をそれぞれ合計し、それらの差額（しばしば貸借差額といいます）として残高を計算します。この例では、現金勘定の借方の金額の合計は 1,600 円、貸方の金額の合計は 300 円ですから、現金勘定の残高は 1,600 円 − 300 円 ＝ 1,300 円と計算されます。

　それでは、まず、貸借対照表の項目について説明します。資産は、その増加を借方に、減少を貸方に記入します。負債及び資本は、その増加を貸方に、減少を借方に記入します。資産、負債及び資本に属する諸勘定の例は、次の通りです。

- 資産　現金、普通預金、売掛金、貸付金、商品、備品、土地、建物など
- 負債　買掛金、借入金など
- 資本　資本金、剰余金など

28

図表2-1 貸借対照表と資産・負債・資本の諸勘定

資産の勘定		貸借対照表		負債の勘定	
増加	減少	資 産	負 債	減少	増加
			資 本		

資本の勘定	
減少	増加

　次に、損益計算書の項目について説明します。収益は、その増加（発生）を貸方に、減少（取消・消滅）を借方に記入します。費用は、その増加（発生）を借方に、減少（取消・消滅）を貸方に記入します。

　収益及び費用に属する諸勘定の例は、次の通りです。

- 収益　売上高、受取手数料、受取家賃、受取地代、受取利息など
- 費用　売上原価、給料、支払運賃、通信費、交通費、広告宣伝費、水道光熱費、消耗品費、支払手数料、支払家賃、支払地代、支払利息など

　なお、損益計算書において、利益が借方に記入されますが、これは一定期間ごとに収益と費用との差額として算定されるもので、収益や費用とは異なり、取引ごとに記入されるものではありません。

図表 2 - 2　損益計算書と収益・費用の諸勘定

費用の勘定		損益計算書		収益の勘定	
増加	減少	費　用	収　益	減少	増加
		利　益			

3.　取引

　複式簿記においては、どのようなタイミングで企業活動を記録するか
が問題となりますが、一般に「取引」という経済活動の単位に基づいて
記録を行います。言い換えれば、取引として識別されることがなけれ
ば、原則として、複式簿記による記録は行われません。

　ではどのような経済活動が取引かというと、それは企業の資産・負
債・資本・収益・費用に変動をもたらす経済活動です。この定義は、あ
る意味において、同義反復的なものかもしれません。どのような経済活
動が帳簿に記録すべき取引であるかは、長い複式簿記の歴史の中で経験
として蓄積された判断基準によります。

　一般的に、取引は、2 つの経済主体が何らかの価値の交換を行う観察
可能な行為をいいます。複式簿記では、このような取引が行われる時点
において、記録が行われます。例えば、ある企業が他の企業から商品を
現金で購入したとします。このとき当該企業は、商品という資産を増加
させ、現金という資産を減少させます。つまり、当該企業の資産（ここ
では、現金と商品という 2 つの資産）に変動を生じさせたと観察できる
ので、このような企業活動は取引と判断されます。そして、このような
取引が行われた時点において、帳簿に記録が行われます。

4. 仕訳と転記

　一例として、「4月2日　銀行から 100,000 円を借り入れ、普通預金と
した。」という取引を考えます。取引とは、前節で述べたように、企業活
動を観察可能な単位に分解したものです。複式簿記では、取引が行われ
るたびに、仕訳という形式で記録が行われます。仕訳は、次のように、
借方に記入されるべき勘定科目及び金額と貸方に記入されるべき勘定科
目及び金額との組み合わせとして行われます。

4/2　（借）普 通 預 金　100,000　　（貸）借　　入　　金　100,000

　上記の取引は、普通預金という資産の増加と借入金という負債の増加
に分解され、借方と貸方のそれぞれにおける勘定科目と金額の組み合わ
せとして仕訳が行われます。なお、仕訳は、仕訳帳と呼ばれる帳簿に日
付順に行われるものです。

　仕訳が行われると、それぞれの勘定に転記が行われます。上記の取引
例では、次のように、普通預金勘定の借方に 100,000 円が、借入金勘定
の貸方に 100,000 円が記入されます。転記に際しては、各勘定の日付欄
に仕訳と同じ取引が行われた日付を、摘要欄には相手勘定名を記入しま
す。すべての勘定を集めた帳簿は、総勘定元帳と呼ばれています。

普 通 預 金

4/2　借　入　金	100,000		

借　入　金

| | 4/2　普　通　預　金　　100,000 |

3 │ 簿記一巡の手続

《本章のポイントと学習の目標》
- 複式簿記では、仕訳と転記を繰り返すことによって企業の経済活動の記録を行うが、一定の期間ごとに取引の記録を集計し、財務諸表を作成する。この一連のサイクルを簿記一巡の手続という。
- 仕訳と転記の結果は、試算表に集計される。残高試算表の借方には資産及び費用、貸方には負債、資本及び収益が集計される。
- 期中において取引として識別されない経済事象があるので、一定期間ごとに取引記録を修正する。この手続を決算整理手続という。代表的な決算整理手続が減価償却である。
- 決算整理手続を行った後の収益及び費用に属する諸勘定の貸借差額は、損益勘定に振り替えられる。この手続を損益振替手続という。
- 損益勘定の貸借差額は、当期の利益を表し、資本の勘定に振り替えられる。この手続を資本振替手続という。
- 資産、負債及び資本の貸借差額は、次期繰越額であり、それぞれの勘定において繰越記入を行う。次期繰越額を集計して繰越試算表を作成する。

《キーワード》 簿記一巡の手続、試算表、決算整理手続

---

1. 簿記一巡の手続の意義

　複式簿記は、第2章で述べたように、取引が行われるたびに仕訳と転記という手続を繰り返すことによって、企業の経済活動の記録を行っていきます。さらに会計は、一定の会計期間を設けることによって、定期的

図表3-1　簿記一巡の手続

取引 → 仕訳と転記 → 試算表の作成 → 決算整理手続 → 損益振替手続 → 資本振替手続 → 帳簿の締切り → 財務諸表の作成

な報告を行うので、複式簿記においても、一定の期間ごとに取引の記録を集計し、最終的には財務諸表を作成する作業が必要となります。このような複式簿記のサイクルは、簿記一巡の手続と呼ばれています。

　簿記一巡の手続は、大要を示すと、**図表3-1**のようなものとなります。

　簿記一巡の手続を説明するため、ある企業（放送商店）のある会計期間（20X1年4月度）に関する、次のような設例（取引例）を考えます。

●設例

4/ 1　放送一郎から現金200,000円の元入れ（出資）を受け、放送商店（人材紹介業）を開業した。

　　2　銀行から100,000円を借り入れ、普通預金とした。

　　3　家賃30,000円を普通預金から支払った。

　　5　備品25,000円を現金で購入した。

　　10　手数料90,000円を現金で受け取った。

　　12　交通費10,000円を現金で支払った。

　　18　現金60,000円を普通預金に預け入れた。

　　25　水道光熱費8,000円を普通預金から支払った。

　　30　借入金50,000円を利息1,000円とともに普通預金から支払った。

2. 仕訳と転記

　上記の取引例について、それぞれ仕訳を示すと、次のようになります。

4/1　（借）現　　　　金　200,000　　　（貸）資　本　金　200,000
　　　　　〈資産の増加〉　　　　　　　　　　〈資本の増加〉

　この取引は、現金という資産の増加と資本金という資本の増加に分解できます。企業主からの出資によって、資本が増加します。企業主からの出資については、通常、資本金という勘定科目を用います。

4/2　（借）普　通　預　金　100,000　　　（貸）借　入　金　100,000
　　　　　〈資産の増加〉　　　　　　　　　　〈負債の増加〉

　すでに述べたように、この取引は、普通預金という資産の増加と借入金という負債の増加に分解できます。

4/3　（借）支　払　家　賃　30,000　　　（貸）普　通　預　金　30,000
　　　　　〈費用の増加〉　　　　　　　　　　〈資産の減少〉

　この取引は、支払家賃という費用の増加（発生）と現金という資産の減少に分解できます。

4/5　（借）備　　　　品　25,000　　　（貸）現　　　　金　25,000
　　　　　〈資産の増加〉　　　　　　　　　　〈資産の減少〉

　この取引は、備品という資産の増加と現金という資産の減少に分解できます。

4/10　（借）現　　　　金　90,000　　（貸）受 取 手 数 料　90,000
　　　　　〈資産の増加〉　　　　　　　〈収益の増加〉

　　この取引は、現金という資産の増加と受取手数料[1]という収益の増加
（発生）に分解できます。

4/12　（借）交　通　費　10,000　　（貸）現　　　　金　10,000
　　　　　〈費用の増加〉　　　　　　　〈資産の減少〉

　　この取引は、交通費という費用の増加（発生）と現金という資産の減
少に分解できます。

4/18　（借）普 通 預 金　60,000　　（貸）現　　　　金　60,000
　　　　　〈資産の増加〉　　　　　　　〈資産の減少〉

　　この取引は、普通預金という資産の増加と現金という資産の減少に分
解できます。

4/25　（借）水 道 光 熱 費　8,000　　（貸）普 通 預 金　8,000
　　　　　〈費用の増加〉　　　　　　　〈資産の減少〉

　　この取引は、水道光熱費という費用の増加（発生）と普通預金という
資産の減少に分解できます。

4/30　（借）借　入　金　50,000　　（貸）普 通 預 金　51,000
　　　　　〈負債の減少〉　　　　　　　〈資産の減少〉
　　　　　支 払 利 息　1,000
　　　　　〈費用の増加〉

---

1 ）「売上高」などの勘定を用いることもあります。

　この取引は、借入金という負債の減少及び支払利息という費用の増加
（発生）と普通預金という資産の減少に分解できます。この仕訳のよう
に、借方又は貸方の科目が複数となる場合もあります。

図表3-2　取引の要素とその組み合わせ

借方の要素	貸方の要素
資産の増加	資産の減少
負債の減少	負債の増加
資本の減少	資本の増加
費用の増加	費用の減少
収益の減少	収益の増加

　このように、仕訳は、取引を借方の要素と貸方の要素に分解すること
によって行われます。さらに、**図表3-2**のように、借方の要素となる
ものと貸方の要素になるものも限定されており、そのうえ借方の要素と
貸方の要素を組み合わせることが必要となります。

　なお、**図表3-2**では、上記の取引例の仕訳に基づいて、借方の要素
と貸方の要素の組み合わせを実線（――）を用いて表現しています。も
ちろん、借方の要素と貸方の要素の組み合わせは、この他にもありえま
すが、借方の要素と借方の要素を組み合わせたり、貸方の要素と貸方の
要素を組み合わせることはありません。

　上記の取引をそれぞれの勘定に転記すると、次の通りです。

現　　　　金

4/ 1	資　本　金	200,000	4/ 5　備　　　　品　　25,000
10	受 取 手 数 料	90,000	12　交　通　費　　10,000
			18　普 通 預 金　　60,000

普　通　預　金

4/ 2	借　入　金	100,000	4/ 3　支 払 家 賃　　30,000
18	現　　　　金	60,000	25　水 道 光 熱 費　　8,000
			30　諸　　　　口　　51,000

備　　　　品

4/ 5	現　　　　金	25,000

借　　入　　金

4/30	普 通 預 金	50,000	4/ 2　普 通 預 金　100,000

資　　本　　金

	4/ 1　現　　　　金	200,000

受 取 手 数 料

	4/10　現　　　　金　90,000

支 払 家 賃

4/ 3　普 通 預 金　30,000	

交 　通 　費

4/12　現　　　　金　10,000	

水 道 光 熱 費

4/25　普 通 預 金　8,000	

支 払 利 息

4/30　普 通 預 金　1,000	

　なお、普通預金勘定に貸方の摘要欄に「諸口」（4/30 の取引）と記入されていますが、これは、複数の勘定科目が相手勘定である場合に、それらをまとめて一行に記入しているためです。

3. 試算表の作成

　複式簿記では、常に、仕訳において借方と貸方に同じ金額を記入しま

す。したがって、仕訳を転記した各勘定の転記額も借方と貸方で同じ金額になります。そこで、仕訳と転記の正確性を確認し、また、資産・負債・資本・収益・費用の状況を概観するために、企業は、定期的に、試算表を作成します。

　試算表には、勘定ごとに転記額の借方合計と貸方合計を集計して作成する合計試算表と借方合計と貸方合計の差額（残高）を集計して作成する残高試算表とがあります。さらに、両者を合わせて一表にした合計残高試算表もあります。取引例に従って作成した合計残高試算表を示すと、次のようになります。

合計残高試算表

借 方 残 高	借 方 合 計	勘 定 科 目	貸 方 合 計	貸 方 残 高
195,000	290,000	現　　　金	95,000	
71,000	160,000	普 通 預 金	89,000	
25,000	25,000	備　　　品		
	50,000	借 入 金	100,000	50,000
		資 本 金	200,000	200,000
		受 取 手 数 料	90,000	90,000
30,000	30,000	支 払 家 賃		
10,000	10,000	交 通 費		
8,000	8,000	水 道 光 熱 費		
1,000	1,000	支 払 利 息		
340,000	574,000		574,000	340,000

　例えば、現金勘定に着目すると、その借方に転記した金額を合計すると 290,000 円、貸方に転記した金額を合計すると 95,000 円であり、それ

ぞれ合計残高試算表における現金勘定の借方合計欄と貸方合計欄に記入
します。両者の差額が貸借差額の金額であり、借方合計の金額が貸方合
計の金額よりも大きければ借方残高欄に、貸方合計の金額が借方合計の
金額よりも大きければ貸方残高欄に貸借差額の金額を記入します。

　最後に、借方合計と貸方合計、借方残高と貸方残高の金額がそれぞれ
一致していることを確認します。複式簿記は、仕訳から一貫して借方金
額と貸方金額とを一致させる形式で記録を行っています。そのため、仕
訳を勘定科目ごとに集計した試算表上の借方金額と貸方金額も一致する
はずです。このような一貫して貸借金額を一致させる複式簿記の仕組み
を貸借平均の原理といいます。試算表による正確性の検証機能は、この
貸借平均の原理を利用したものです。

4. 決算整理手続

　すでに述べたように、複式簿記では、会計期間中における観察可能な
取引（とくに期中取引という）が行われる都度、仕訳を行って企業の経
済活動を記録していきます。したがって、試算表には、一定期間におけ
る期中取引の結果が集計されています。複式簿記では、一定期間ごとに
経済活動の結果を集計・要約する作業が行われますが、この作業のこと
を決算といいます。先に述べた試算表の作成は、企業が随時行うもので
すが、決算における最初の手続でもあります。

　試算表には、期中取引の結果が集約されていますが、厳密には、会計
において認識すべき対象には、期中取引のほかにも、資産の時の経過に
伴う消費や時価の変動などの事象もあります。このため、複式簿記で
は、期中取引以外の事象を決算整理事項として、決算日においてまとめ
て修正する手続が行われます。この手続を決算整理手続といいます。

　例えば、上述の試算表には、備品の使用に伴う用役の消費が反映され

ていません。詳しくは、第7章において説明しますが、このような用役の消費は減価償却費と呼ばれ、決算において、減価償却費を計上し、備品の金額（帳簿価額）を減額しなければなりません。例えば、減価償却費の金額が 2,500 円であったとしますと、決算整理手続において、次のような決算整理仕訳を行います。

4/30　（借）減 価 償 却 費　　2,500　　　（貸）備　　　　　品　　2,500
　　　　　〈費用の増加〉　　　　　　　　　　〈資産の減少〉

　なお、この決算整理仕訳も、通常の期中取引の仕訳と同様、それぞれの勘定に転記します。

5.　損益振替手続

　続いて、決算では、収益と費用に属する勘定を集計して利益を計算します。複式簿記では、収益と費用に属する勘定の残高を損益勘定という決算勘定に振り替えることによって利益を計算します。この振替えの手続を損益振替手続といいます。

　まず、収益に属する勘定を損益勘定に振り替えます。その仕訳（損益振替仕訳）は、次の通りです。

4/30　（借）受 取 手 数 料　　90,000　　　（貸）損　　　　　益　　90,000

　次に、費用に属する勘定を損益勘定に振り替えます。その損益振替仕訳は、次の通りです。

4/30 （借）損	益	51,500	（貸）支 払 家 賃	30,000
			交　通　費	10,000
			水 道 光 熱 費	8,000
			減 価 償 却 費	2,500
			支 払 利 息	1,000

6. 資本振替手続

　損益振替手続によって、損益勘定にすべての収益と費用が集計されることになるので、収益と費用の差額として利益が計算されます。取引例について、利益を計算すると、次のようになります。

　　　　利益＝収益－費用＝90,000 円－51,500 円＝38,500 円

　この利益は、資本を増加させ、多くの場合、次の会計期間における企業の経済活動に再投下されます。複式簿記では、決算において、利益は資本に振り替えられます。この振替えの手続を資本振替手続といいます。前述の取引例に従って、資本振替手続の仕訳（資本振替仕訳）を示すと、次の通りです。なお、利益の振替先となる資本に属する勘定としては、資本金と区別される剰余金勘定を用いることとします[2]。剰余金とは、資本のうち資本金を超える部分をいいます。

4/30 （借）損	益	38,500	（貸）剰　余　金	38,500

7. 帳簿の締切り

　決算整理手続、損益振替手続及び資本振替手続において、新たに加え

---

[2] 利益を振り替える先の資本に属する勘定は、企業の法的形態に依存します。企業主の提供した資本と企業活動によって稼得した利益とを区別する必要性に乏しい個人企業の場合、資本金勘定に振り替えます。また、株式会社形態による場合、剰余金の源泉を区別する立場から、利益剰余金勘定が用いられます（繰越利益剰余金勘定、その他利益剰余金勘定などが用いられる場合もあります）。

た決算仕訳（決算整理仕訳、損益振替仕訳及び資本振替仕訳）は、それぞれ該当する勘定に転記が行われます。

　勘定について会計期間の終了時に、以上をもって記入を終了するという意味の「締切り」という手続が行われます[3]。

　収益及び費用に属する勘定並びに損益勘定は、すべて貸借が一致しているはずですから、貸借それぞれの合計額が一致していることを確認し、合計額の下に二重線を引くことによって締め切ります。これに対して、資産、負債及び資本に属する勘定は、この時点で、それぞれ貸借差額の残高が存在しています。この残高は、次期繰越高と呼ばれ、次の会計期間に繰り越されるものです。複式簿記では、資産、負債及び資本に属する勘定における貸借差額を「次期繰越」として記入し、貸借それぞれの合計額を一致させます。合計額の下に二重線を引いて、それぞれの勘定を締め切るとともに、次の会計期間の期首の日付で「前期繰越」の金額を記入します。次期繰越と前期繰越の金額は、同額で、決算日をまたいで、貸借逆に記入されます[4]。

　上述の取引例に基づいて、各勘定の締切り後の状況を示すと、次の通りです。

3）ここでは、総勘定元帳における各勘定の締切りの手続を説明しています。仕訳帳その他の帳簿についても締切りの手続が行われます。

4）資産に属する勘定については、「次期繰越」は貸方に、「前期繰越」は借方に記入されます。負債及び資本に属する勘定については、「次期繰越」は借方に、「前期繰越」は貸方に記入されます。

現　　　金

4/ 1	資　本　金	200,000	4/ 5	備　　　品	25,000
10	受取手数料	90,000	12	交　通　費	10,000
			18	普 通 預 金	60,000
			30	次 期 繰 越	195,000
		290,000			290,000
5/ 1	前 期 繰 越	195,000			

普　通　預　金

4/ 2	借　入　金	100,000	4/ 3	支 払 家 賃	30,000
18	現　　　金	60,000	25	水 道 光 熱 費	8,000
			30	諸　　　口	51,000
			〃	次 期 繰 越	71,000
		160,000			160,000
5/ 1	前 期 繰 越	71,000			

備　　　品

4/ 5	現　　　金	25,000	4/30	減 価 償 却 費	2,500
			〃	次 期 繰 越	22,500
		25,000			25,000
5/ 1	前 期 繰 越	22,500			

借　入　金

4/30	普 通 預 金	50,000	4/ 2	普 通 預 金	100,000
〃	次 期 繰 越	50,000			
		100,000			100,000
			5/ 1	前 期 繰 越	50,000

資　本　金

4/30	次 期 繰 越	200,000	4/ 1	現　　　　金	200,000
			5/ 1	前 期 繰 越	200,000

剰　余　金

4/30	次 期 繰 越	38,500	4/30	損　　　　益	38,500
			5/ 1	前 期 繰 越	38,500

受 取 手 数 料

4/30	損　　　　益	90,000	4/10	現　　　　金	90,000

支 払 家 賃

4/ 3	普 通 預 金	30,000	4/30	損　　　　益	30,000

交　通　費

4/12	現　　　金	10,000	4/30	損　　　益	10,000

水　道　光　熱　費

4/25	普 通 預 金	8,000	4/30	損　　　益	8,000

減　価　償　却　費

4/25	備　　　品	2,500	4/30	損　　　益	2,500

支　払　利　息

4/30	普 通 預 金	1,000	4/30	損　　　益	1,000

損　　　益

4/30	支 払 家 賃	30,000	4/30	受 取 手 数 料	90,000
〃	交　通　費	10,000			
〃	水 道 光 熱 費	8,000			
〃	減 価 償 却 費	2,500			
〃	支 払 利 息	1,000			
〃	剰　余　金	38,500			
		90,000			90,000

　なお、損益勘定への転記に際しては、「諸口」を用いずに、収益と費用の諸勘定の科目名を一行ずつ記入します。損益勘定は、次章において説明するように、損益計算書を作成するための基礎となるからです。

　最後に、資産、負債及び資本に属する勘定の次期繰越の金額を集計して、次のように、繰越試算表を作成する場合があります。繰越試算表を作成することによって、決算手続の正確性を確認することができます。

繰 越 試 算 表

現			金	195,000	借	入	金	50,000
普	通	預	金	71,000	資	本	金	200,000
備			品	22,500	剰	余	金	38,500
				288,500				288,500

4 | 貸借対照表と損益計算書の作成

《本章のポイントと学習の目標》
- 簿記一巡の手続によって作成された損益勘定と繰越試算表に基づいて、損益計算書と貸借対照表を作成する。貸借対照表において計算される利益と損益計算書において計算される利益は、一致する。
- 利益の計算方法には、財産法と損益法がある。両者で計算される利益の額が一致することから、試算表等式が導出される。
- 現金主義会計では、現金収入と現金支出のうち、企業活動の成果に関係するものを識別して、当期の正味の成果としての収支余剰を計算する。
- 発生主義会計では、企業活動の成果に関係する現金収入及び現金支出に対して、経済的な価値の創出と消費に基づいて、見越し及び繰延べの手続を加えることによって、企業活動の成果としての利益を計算する。

《キーワード》 財産法と損益法、現金主義会計と発生主義会計

---

1. 財務諸表の作成

　すでに述べたように、会計は、利用者に対して財務諸表を提供することによって彼らの意思決定に役立つ情報を提供することを目的としています。簿記一巡の手続は、財務諸表を作成することによって完了します。

　複式簿記の手続によって得られる資料から、貸借対照表と損益計算書を作成します。貸借対照表は、繰越試算表（資産、負債及び資本の各勘定の次期繰越額）に基づいて作成することができ、損益計算書は、損益勘定に基づいて作成することができます。前章の取引例に基づいて、貸

借対照表と損益計算書を作成すると、次のようになります。

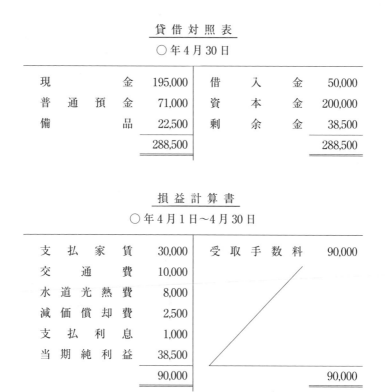

貸 借 対 照 表

○ 年 4 月 30 日

現	金	195,000	借	入	金	50,000
普 通 預	金	71,000	資	本	金	200,000
備	品	22,500	剰	余	金	38,500
		288,500				288,500

損 益 計 算 書

○ 年 4 月 1 日～4 月 30 日

支 払 家 賃	30,000	受 取 手 数 料	90,000
交 通 費	10,000		
水 道 光 熱 費	8,000		
減 価 償 却 費	2,500		
支 払 利 息	1,000		
当 期 純 利 益	38,500		
	90,000		90,000

　貸借対照表には、会計期間の終了日（決算日）の日付を付します（このため、会計期間の終了日を貸借対照表日と呼ぶこともあります）。損益計算書には、会計期間の開始日と終了日の日付で表される期間を付します。損益計算書には、収益と費用の差額としての利益をとくに「当期純利益」として表示します。

　貸借対照表と損益計算書は、手続的には、決算整理後残高試算表をそ

図表4-1　決算整理後残高試算表と貸借対照表及び損益計算書

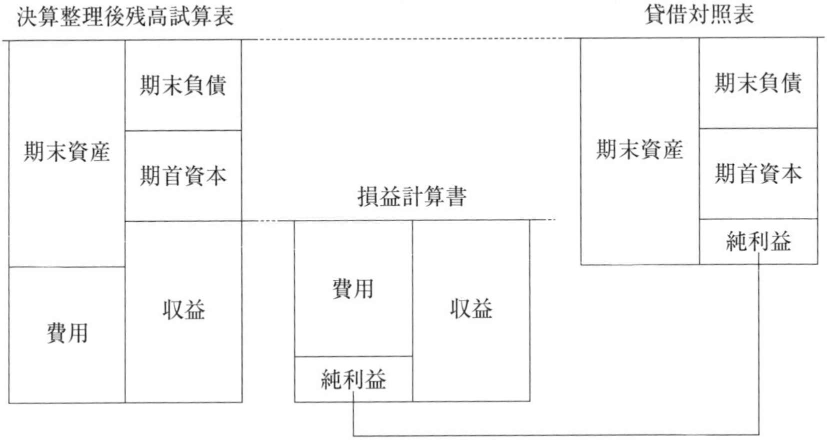

れぞれ、資産・負債・資本のグループと収益・費用のグループとに分けることによって作成されます。そして、それぞれのグループで借方と貸方との差額が生じますが、この差額が当期純利益（又は当期純損失）を表します。

　図表4-1は、貸借対照表と損益計算書のそれぞれにおいて計算される当期純利益の金額が一致することを示しています（なお、上記の取引例に基づく貸借対照表では、当期純利益は剰余金に含めて表示しています）。このように、貸借対照表と損益計算書は、計算構造の面で密接な関係を有していることが分かります。

　簿記一巡の手続においては、決算整理後残高試算表から貸借対照表及び損益計算書を作成する過程について、精算表を作成して概観することが一般的です。精算表の一例を上記の設例に基づいて示すと、次の通りです。

精　算　表

勘定科目	決算整理後残高試算表		損益計算書		貸借対照表	
	借方	貸方	借方	貸方	借方	貸方
現　　　金	195,000				195,000	
普 通 預 金	71,000				71,000	
備　　　品	22,500				22,500	
借 入 金		50,000				50,000
資 本 金		200,000				200,000
受取手数料		90,000		90,000		
支 払 家 賃	30,000		30,000			
交 通 費	10,000		10,000			
水道光熱費	8,000		8,000			
減価償却費	2,500		2,500			
支 払 利 息	1,000		1,000			
当期純利益			38,500			38,500
	340,000	340,000	90,000	90,000	288,500	288,500

2. 財産法と損益法

　企業会計における利益計算の方法には、財産法と損益法という2つの方法があります。

（1）財産法

　財産法は、期首と期末の純財産の額を比較して利益の金額を計算する方法です。財産法による利益の計算式を示すと、次のようになります。

　　　利益＝期末資本－期首資本 ・・・・・・・・・・・・・・・・・・・・・・・・・・・・・・・・・(1)

　このように、財産法では、毎期末（当期首は前期末を意味する）の資本の額さえ把握できれば、利益の額を計算することができます。期末資本は、期末資産から期末負債を控除して求められますので、この式は、次のように書き直すことができます。

　　　　　利益＝(期末資産－期末負債)－期首資本 ‥‥‥‥‥‥‥‥‥‥ (2)
また、

　　　　期末資産＝期末負債＋期首資本＋利益 ‥‥‥‥‥‥‥‥‥‥‥‥ (3)
　　　　　　　　＝期末負債＋期末資本 ‥‥‥‥‥‥‥‥‥‥‥‥‥‥ (3)′
と表すことができます。この(3)又は(3)′式は、期末における貸借対照表を表しています（貸借対照表等式）。

（2）損益法

　損益法とは、利益を一定期間に生じた収益と費用の比較によって計算する方法です。損益法による利益の計算式を示すと、次のようになります。

　　　　　利益＝収益－費用 ‥‥‥‥‥‥‥‥‥‥‥‥‥‥‥‥‥‥‥‥ (4)
また、この(4)式を変形すると、

　　　　　費用＋利益＝収益 ‥‥‥‥‥‥‥‥‥‥‥‥‥‥‥‥‥‥‥‥ (5)
となります。この(5)式は、当期の損益計算書を表しています（損益計算書等式）。

　ところで、決算整理後残高試算表の形式は、

　　　　期末資産＋費用＝期末負債＋期首資本＋収益 ‥‥‥‥‥‥‥‥ (6)
と示されます（試算表等式）。(6)式は、(3)式と(4)式から、それぞれの式における利益が一致する性質を利用することによって導出することができます。

すでに述べたように、この試算表等式は、あらゆる企業において常に成立する式であり、複式簿記に基づく自己検証機能の源泉となっています。

3. 現金主義会計と発生主義会計

現在の企業会計は、発生主義会計（accrual-based accounting）と呼ばれています。発生主義会計は、現金主義会計（cash-based accounting）から派生した会計です。現金主義会計も、発生主義会計も、ともに企業活動の正味の成果を計算することを中心的な課題としている点では共通します。このような正味の成果は、現金主義会計では収支余剰又は収支差額などと呼ばれ、発生主義会計では利益と呼ばれています。

（1）　現金主義会計

現金主義会計では、現金の収入及び支出のうち、企業活動の成果に関係する収入及び支出を識別することによって、収支差額としての正味の成果を計算します。現金主義会計の仕組みを説明するに際して、ある会計期間を想定し、当該会計期間の期首において、次の関係が成立しているものとします。

期首現金＝期首資本 ･･････････････････････････････････ (1)

当期中において生じた現金収入と現金支出から現金の増減が生じるので、次のような関係が成り立ちます。

期首現金＋現金収入－現金支出＝期末現金 ････････････ (2)

また、現金収入と現金支出には、それぞれ企業活動の正味の成果としての収支余剰を計算するに際して、成果に関係する収支と関係しない収支（借入れや貸付けなどによる収支）が含まれています。現金収入は、成果収入と借入項目（当期に収入があったが、次期以降において支出がある

54

項目。例えば、借入金）からなり、現金支出は、成果支出と貸付項目（当期に支出があったが、次期以降において収入がある項目。例えば、貸付金）からなります。以上から、次の各式が導かれます。

現金収入＝成果収入＋借入項目 ･･････････････････････････ (3)

現金支出＝成果支出＋貸付項目 ･･････････････････････････ (4)

企業活動の成果を表す収支余剰は、次のように定義されます。

収支余剰＝成果収入－成果支出 ･･････････････････････････ (5)

さらに、現金主義会計では、期首資本と期末資本との差額が収支余剰でもありますので、

図表4-2　現金主義会計

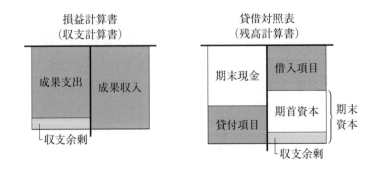

$$期末資本＝期首資本＋収支余剰 \cdots\cdots\cdots\cdots\cdots (6)$$

が得られます。(2)式に(3)式と(4)式を代入し、さらに(1)式と(5)式と(6)式を加味して整理すると、次の式が得られます。

$$期末現金＋貸付項目＝借入項目＋期末資本 \cdots\cdots\cdots\cdots (7)$$

　現金主義会計においては、(5)式が損益計算書を表現し、(7)式が貸借対照表を表現しています。**図表4-2**は、現金主義会計において、現金収支に関する情報が損益計算書（現金主義会計では、とくに収支計算書という場合もあります。）と貸借対照表（発生主義会計における貸借対照表と比較すると不完全であるので、残高計算書とでもいうべきものです。）に集約される過程を図示しています。

（2）発生主義会計

　発生主義会計では、経済的な価値の創出及び消費に基づいて、企業活動の正味の成果としての利益を計算します。手続的には、現金主義会計における成果収入と成果支出をさらに調整して収益と費用を計算します。収益は、成果収入に、未収項目（収入は次期以降に生じるが、当期の収益となる項目。例えば、未収金）を加え、前受項目（当期に収入があったが、次期以降に収益となる項目。例えば、前受金）を差し引いて計算します。費用は、成果支出に、未払項目（支出が次期以降に生じるが、当期の費用となる項目。例えば、未払金）を加え、前払項目（当期に支出があったが、次期以降に費用となる項目。例えば、前払金の他、棚卸資産、固定資産などの費用性資産）を差し引いて計算します。

$$収益＝成果収入＋未収項目－前受項目$$
$$＝現金収入－借入項目＋未収項目－前受項目 \cdots\cdots\cdots (8)$$
$$費用＝成果支出＋未払項目－前払項目$$
$$＝現金支出－貸付項目＋未払項目－前払項目 \cdots\cdots\cdots (9)$$

さらに、

利益＝収益−費用 ・・・・・・・・・・・・・・・・・・・・・・・・・・・・・・・・・・・・・・ (10)

期末資本＝期首資本＋利益 ・・・・・・・・・・・・・・・・・・・・・・・・・・・・・・ (11)

であることから、(2)式に(1)式と(8)〜(11)式を反映させ、整理すると、次式を得ることができます。

期末現金＝期首資本＋（収益−未収項目＋前受項目＋借入項目）

−（費用−未払項目＋前払項目＋貸付項目）

期末現金＋未収項目＋前払項目＋貸付項目

図表 4 - 3　発生主義会計

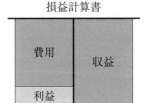

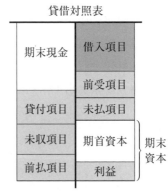

　　　　　　　＝前受項目＋未払項目＋借入項目＋期末資本 ····· ⑿

　発生主義会計において、⑽式は損益計算書を表現し、⑿式は貸借対照表を表現しています。**図表4-3**は、発生主義会計において、現金収支に関する情報が損益計算書と貸借対照表に集約される過程を図示しています。

　(8)～⑽式は、利益が現金収支を、企業活動の成果（経済的な価値の創出と消費）に結びつけて期間的に再配分することによって求められることを示しています。このことは、利益計算が収支計算に支えられていることを端的に示していて、しばしば収支計算は利益計算のアンカーであるといわれています。

　また、⑿式は、貸借対照表が、当期の現金収支と損益との間のズレを収容することによって作成されることを示しています。このズレには、当期の現金収支のうち当期の損益とされない（将来の損益となる）もの（前払項目及び前受項目）、当期の損益とされるが現金収支は将来生じるもの（未収項目及び未払項目）が含まれます。このため、発生主義会計において貸借対照表は、当期の利益計算と次期の利益計算とをつなぐ「連結環」であるといわれています。

　さらに、貸借対照表に計上される現金以外の各項目は、次期以降における現金収支又は収益・費用の計上に伴って解消されるものです。このため、長期的には、収支余剰と利益とは、収斂すべき性格を有しています。

5 | 資産会計（総論）

《**本章のポイントと学習の目標**》
- 資産とは、過去の事象に起因して、企業が支配する現在の経済的資源であり、将来の経済的便益をもたらすものである。
- 資産は、貸借対照表において企業の支払能力を判断するための情報を提供する目的から、流動資産及び固定資産に分類される。この分類にあたっては、正常営業循環基準と一年基準が適用される。
- 資産は、資本利益計算によって投資活動を描写する観点から、貨幣性資産と費用性資産に分類される。
- 資産は、原則としてその取得原価によって評価される。金銭債権については、債権金額による評価が行われ、一部の有価証券や棚卸資産については、時価による評価が行われる。
- 費用性資産については、費用配分の原則に従って、取得原価を各期における費用として配分する。

《**キーワード**》 資産、流動資産と固定資産、貨幣性資産と費用性資産、費用配分の原則

1. 資産の意義

　本章では、貸借対照表に記載される資産について説明します。

　資産とは、過去の事象に起因して、企業が支配する現在の経済的資源であり、将来の経済的便益をもたらすものをいいます。

　資産の定義における骨格は、現在の経済的資源を表すという部分で

す。現在の経済的資源は、将来において何らかの経済的便益をもたらします。企業に対して直接的なキャッシュ・フローをもたらすものもあれば、間接的に企業活動に貢献し、その結果、他の資産と結びついてキャッシュ・フローをもたらすようなものもあります。

　また、資産は、当該企業が支配するものでなければなりません。支配は排他的な概念で、資産がある企業によって支配されている場合には、他の企業によって支配されることはないと考えます。また、支配は、所有とは似て非なるものです。所有は、法律的な意味で所有権を有していることを指しますが、支配するためには必ずしも所有権は不可欠なものではありません。典型的には、リース取引によって調達したリース物件も、借手が支配していると認められる場合があります。この場合には、借手は、当該リース物件に対して所有権を有していないものの、自己の貸借対照表に資産として計上することになります。

　また、資産は、何らかの過去の事象に起因して生じるものです。通常は、資産は何らかの対価を支払って取得されます。この対価の支払いによる取得という行為が、過去の事象に相当します。逆に、何ら過去の事象が存在しないのに、将来の経済的便益を資産として計上することは、原則としてありません。

　図表5-1は、資産の定義が過去の事象に起因し、結果として将来の

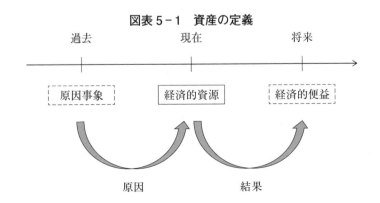

図表5-1　資産の定義

経済的便益をもたらすような現在の経済的資源であることを図解しています。

2. 資産の分類

資産には、様々な種類が存在するので、これを一定の観点から分類することは有用です。

（1） 流動資産と固定資産

資産は、いくつかの観点から分類されます。まず、資産は、企業活動を通じて現金として回収されるまでの期間が短いか長いかによって、流動資産と固定資産に分類されます。この分類は、負債に対しても適用され、資産及び負債を流動項目と固定項目に分類することによって、利用者が企業の短期的な支払能力について判断できるようにしています。

流動資産と固定資産の分類は、相対的なものにならざるを得ませんが、一般に、正常営業循環基準と一年基準という2つの基準によって分類されます。

正常営業循環基準とは、企業の正常営業循環過程の中に存在する資産を流動資産とし、当該過程の外に存在する資産を固定資産とする分類基準です。

企業の正常営業循環過程とは、営業に資金が投下されてから回収されるまでの通常の過程（サイクル）をいいます。例えば、商業を営む企業であれば、商品を仕入れるために資金を投下し、その商品を売り上げて資金を回収します。その一連の過程が、商業にとっては通常のものであり、正常営業循環過程です。正常営業循環過程の中には、現金預金、売掛金・受取手形などの営業債権、商品等の棚卸資産が存在します。また、工業を営む企業であれば、原材料を仕入れ、これを加工して仕掛品を経

て製品を製造し、完成した製品を売り上げます。この正常営業循環過程の中には、やはり現金預金、営業債権が含まれ、さらには原材料、仕掛品、製品等の棚卸資産も含まれます。

　このような正常営業循環過程に含まれない資産は、固定資産とされます。例えば、土地・建物、備品・機械装置・車両運搬具等の物的資産が典型例です。その他にも、商業・工業を営む企業が他の企業に対して行った貸付金なども固定資産になります。

　これに対して、一年基準とは、現金として回収されるまでの期間が 1 年以内の資産を流動資産とし、1 年を超える資産を固定資産とする分類基準です。例えば、同じ貸付金であっても、回収までの期間が 1 年以内のものは短期貸付金として流動資産に分類され、1 年を超えるものは長期貸付金として固定資産に分類されます。

　一年基準は、形式的に資産を分類することができるので、客観性の面で優れていると考えられます。しかし、正常営業循環過程が 1 年を超える企業においては、多くの棚卸資産を固定資産に分類することになり、業種の差異を適切に表現できないという問題点も指摘されています。

　現在では、主として正常営業循環基準を適用して正常営業循環過程に

図表 5 − 2　流動資産と固定資産の分類

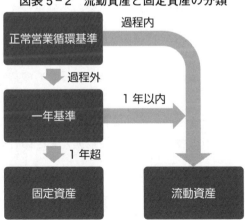

62

ある資産を流動資産とし、過程の外にある資産についてさらに一年基準を適用して、流動資産と固定資産に分類するという考え方が採用されています。**図表5-2**は、このような分類の手続を図解しています。

　このような手続の結果、現金・預金（長期の定期預金等を除く）、営業債権、棚卸資産は流動資産に分類され、土地・建物、備品・機械装置・車両運搬具等の有形固定資産は固定資産に分類されます。さらに、特許権やソフトウェア等の無形固定資産も、正常営業循環過程の外にあると考えられますので、固定資産に分類されます。預金、貸付金、有価証券等の金融資産は、主に一年基準を適用して流動資産と固定資産に分類されます。

　なお、流動資産にも固定資産にも属さない繰延資産が貸借対照表に記載されることがあります。繰延資産は、すでに用役を消費したものと認められる費用のうち、将来の収益に対応するものとして繰り延べたものをいいます。この場合において、貸借対照表は、流動資産、固定資産及び繰延資産の3つに区分されます。

（2）貨幣性資産と費用性資産

　次に、資産は、貨幣性資産と費用性資産とに分類されます。企業活動は、投資の束と呼ばれるように、投資とその回収の連続です。投資という行為は、現在の確実な消費を諦めて将来の不確実なキャッシュ・フローを追求する行為です。

　企業会計では、投資の成果をどのように把握するかが課題となります。投資の成果は収益として、成果を獲得するための犠牲は費用として把握されます。

　投資活動に投下した資本は、その成否が確定するまでは資産として繰り越されます。投下中の資本の具体的な形態としての資産は、費用性資

産です。回収した資本又は投下する前の資本の具体的形態である資産
は、貨幣性資産です。

　費用性資産は、投資が完了してその成否が把握された時点で、費用と
なります。費用性資産とは、将来の費用となる資産であるということを
表現しています。

　図表 5−3 では、貨幣性資産と費用性資産が資本循環の過程の中でど
のように変動し、会計処理されるかが示されています。

　費用性資産の具体例としては、商品・製品等の棚卸資産が挙げられま
す。これらの資産は、販売された時点で売上原価という費用になりま
す。また、原材料や仕掛品も、製造活動が完了すれば完成品たる製品に
なりますので、最終的には費用となる費用性資産です。

　回収済みの資産である貨幣性資産には、現金預金の他、売掛金・受取
手形等の営業債権が含まれます。

　費用性資産と貨幣性資産の分類は、資産の評価につながります。一般
に、費用性資産は取得原価で評価され、貨幣性資産は回収可能価額で評
価されます。費用性資産は、投下中の状態にありますので、投下した資
本の額で据え置かれます。貨幣性資産は、これから投下できる金額を表

図表 5−3　貨幣性資産と費用性資産

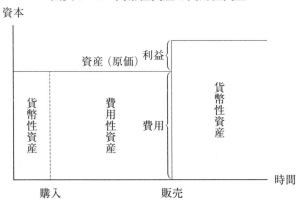

示するため、回収可能価額で評価されます。例えば、売掛金などの営業
債権にとっての回収可能価額は、債権金額から貸倒引当金を控除した後
の金額です。

（3）金融資産と事業資産

　資産を分類する観点の一つには、金融資産と事業資産の分類がありま
す。
　金融資産は、金融市場において取得され、かつ売却される資産です。
一般に、金融資産は、誰がその資産を売却しても市場における売却価格
は変わりません。金融資産の価値は、市場における価値（公正価値）そ
のものです。
　これに対して、事業資産は、その使用方法は企業によって様々であ
り、その使用方法によって異なるキャッシュ・フローが生じますから、
その価値は、誰が保有するかによって異なることになります。事業資産
の価値は、当該資産の使用と最終処分によって得られるキャッシュ・フ
ローの割引現在価値（使用価値）によって表すことができます。
　図表5-4は、金融資産と事業資産における、このような違いを説明
しています。金融資産のケースでは、同じ資産に対してA社もB社も同
じ公正価値を有しています。これに対して、事業資産のケースでは、同
じ資産に対しても、A社の使用価値とB社の使用価値は異なります。使

図表5-4　金融資産と事業資産

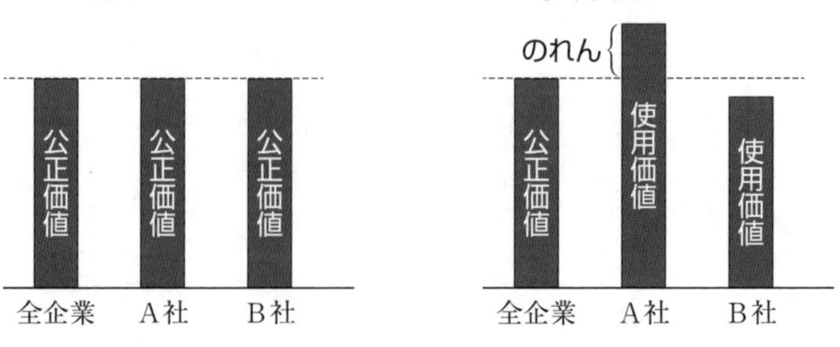

用価値と公正価値との差額は、「のれん」とされ、金融資産にはのれんが
存在しませんが、事業資産にはのれんが生じることになります。

　この分類も、資産の評価について示唆を与えています。金融資産であ
れば、市場における価値であるところの公正価値をもって評価するとい
う考え方が当てはまります。事業資産については、第一義的には割引現
在価値（使用価値）が当てはまるのですが、その測定には経営者の主観
的な見積りが不可欠であり、必ずしも信頼性のある測定値ではありませ
ん。そのため、一般には、投資が回収されるまでは原価による評価を行
って、その資産の使用によって投資の回収が成果として獲得された時点
で利益を認識するという会計処理が行われています。

3.　資産の評価

　会計学において、評価とは、ある項目に金額を付すことをいいます。
また、測定という表現もあります。資産や負債に対しては評価、収益や
費用に対しては測定という語を用いることが多いと考えられます。

　資産の評価は、大別すれば、原価又は時価によります。原価は、過去
に付された測定値という意味と、資産を購入した場面での測定値（入口
価格）という意味とがあり、しばしば両者が重なって用いられることが
多く、両者の意味を明確にするため、過去の入口の測定値に対して「歴
史的原価」という表現が用いられることもあります。

　時価は、一般に、現在の価値という意味で用いられます。特に資産を
売却する場面での時価は、売却時価などと呼ばれます。ただし、時価に

図表 5-5　資産の評価

	入口（entry）	出口（exit）
過去の（historical）	歴史的原価	
現在の（current）	再調達原価	売却時価

も、資産を現在時点において購入する場面での時価があり、これは再調達原価（又は再調達価額）と呼ばれます。

　図表 5－5は、資産の評価に用いられる測定値について、過去の測定値と現在の測定値という観点と、入口の測定値と出口の測定値という観点から整理したものです。

　貸借対照表に計上される資産に対しては、資産のそれぞれが有する特徴に応じて、様々な測定値が使い分けられています。しかしながら、多くの資産は企業による投資のプロセスにあるので、原価によって測定されるものが多いといってよいかと思います。

4. 費用配分の原則

　企業の事業活動に投資された費用性資産の多くは、資産に化体する用役が消費等によってその価値を減少し、いずれは消滅すると考えられます。このような用役の消滅は、会計上は、資産から費用へ振り替えることによって表現されます。

　例えば、商品は、これを販売することによって消滅しますが、商品という資産から売上原価という費用に振り替えられます。また、機械は、企業が長期的に使用することによって徐々に消滅していきます。第7章で詳しく説明しますが、機械等の有形固定資産は、減価償却という手続によって、機械等の資産から減価償却費という費用に配分されます。

　資産の取得原価を各期間の費用に配分する手続を費用配分の原則といいます。費用配分の原則では、取得原価を配分の対象とするので、各期間に配分される費用の合計は、原則として配分の対象となる資産の取得原価と一致します。

　図表 5－6は、費用配分の原則の基本的な仕組みについて説明しています。資産は、取得時において取得原価で評価されますが、用役を消費

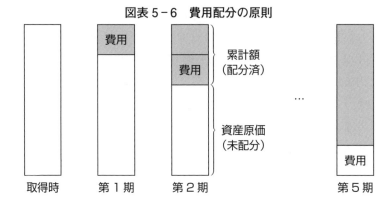

図表5-6　費用配分の原則

するのに応じて当期の費用として配分され、費用として配分されない未配分の原価は資産として次期以降に繰り越されてくことになります。次期以降に繰り越された資産の原価は、次期以降の費用となります。

5. 現在価値の利用

　現代の会計では、現在価値の考え方が様々な局面で利用されています。現在価値（present value）は、貨幣の時間価値を反映する測定値です。

　例えば、現時点での現金10,000円と1年後の現金10,000円は、経済的な価値が異なります。なぜなら、現時点での現金10,000円は何らかの投資を行うことによって1年後にはより大きな価値を有すると考えられるからです。ただし、投資といってもリスクのある投資では将来の価値がばらつくと考えられるので、時点の異なる資産の価値を比較するためには国債などに対する無リスクの投資を考えます。

　例えば、このような無リスクの利子率が年3%だとすると、現時点の10,000円は、1年後の10,300円（＝10,000円×1.03）に相当します。さら

に、2 年後の 10,609 円（＝10,000 円×1.03²）とも同じ価値となります。

　逆に、1 年後の 10,300 円は、現時点での 10,000 円（＝10,300 円÷1.03）に相当します。2 年後の 10,609 円も同様に、現時点での 10,000 円（＝10,609 円÷1.03²）に相当します。

　このような関係にあるとき、現在価値と将来価値には、次のような関係があります。ただし、期間は 1 期間とします。

　　将来価値＝現在価値×（1＋割引率）
　　現在価値＝将来価値÷（1＋割引率）

図表 5−7　現在価値と将来価値

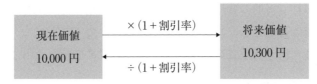

　図表 5−7 は、このような現在価値と将来価値との関係を表しています。

　会計では、貸借対照表の作成日における価値を測定するために将来のキャッシュ・フロー（現金収入）を一定の割引率によって割り引いて現在価値（又は割引現在価値）を求めることがあります。例えば、ある資産が、1 年後に 10,000 円、2 年後に 10,000 円、3 年後に 10,000 円のキャッシュ・フローを生み出すとします。割引率を年 5% とすると、この資産の現在価値は、次のように計算されます。

$$現在価値 = \frac{10,000\ 円}{1+0.05} + \frac{10,000\ 円}{(1+0.05)^2} + \frac{10,000\ 円}{(1+0.05)^3} ≒ 27,232\ 円$$

6 | 資産会計（流動資産）

《本章のポイントと学習の目標》

- 貸借対照表の流動資産の部には、現金預金、売掛金、受取手形、電子記録債権、契約資産、短期貸付金等の金銭債権等のほか、商品、製品、原材料、仕掛品等の棚卸資産、前渡金、前払費用などが表示される。

- 主たる営業活動から生じた金銭債権は、将来における一定の時期において金銭を受け取ることができる権利を表している。主たる営業活動から生じたものではない金銭債権については、1年以内に回収が予定されているもののみが流動資産となる。金銭債権は、原則として、債権金額をもって貸借対照表の資産の部に記載される。

- 契約資産は、企業が顧客との契約に従って、一定期間にわたって財又はサービスを提供する場合に売主たる企業に生じる資産である。契約資産は、顧客から受け取る対価のうち財又はサービスの提供度合い（進捗度）に応じた額として計上される。

- 棚卸資産は、直接又は間接に販売を目的として保有する資産である。小売業・卸売業を営む企業は、商品を販売目的で棚卸資産として保有する。製造業を営む企業は、直接的に販売の対象となる製品の他、製造活動に投下される原材料や製造途中の仕掛品等を棚卸資産として保有する。

- 棚卸資産は、取得原価で評価される。棚卸資産の取得原価は、購入代価に付随費用を加算することによって算定する。

- 棚卸資産の取得原価の配分は、数量と単価の組み合わせによって行う。棚卸資産は、通常、数量単位で管理され、数量の把握は継続記録法又は棚卸計算法によって行われる。棚卸資産の払出単価の計算は、個別法、先入先出法、平均法などによって行う。棚卸資産が販売されれば、その取得原価は売上原価に振り替えられる。

- 棚卸資産の貸借対照表価額は、未販売の期末棚卸高の原価による。棚卸資

産の期末評価に際して、帳簿価額よりも正味売却価額が小さい場合、当該
棚卸資産の貸借対照表価額は正味売却価額とされ、帳簿価額と正味売却価
額との差額は、評価損として把握され、損益計算書における売上原価に含
めて計上される。
- 財又はサービスの取得のためにあらかじめ支払った対価の一部は、前渡金
として資産に計上される。前渡金は、金銭債権ではなく、財又はサービスの
提供を受けることを目的とする債権である。
- 前払費用は、継続的にサービスの提供を受ける契約を結んでいる場合にお
いて、すでに対価を支払っているものの、いまだ提供を受けていないサー
ビスに係る部分を資産として繰り延べたものである。流動資産の区分に表
示される前払費用は、サービスの提供を受ける時期が1年を超えない部分
である。

《キーワード》 当座資産、貸倒引当金、棚卸資産、売上原価、正味売却価額、
有価証券

---

1. 流動資産の意義

　本章では、資産のうち、流動資産に属するものを取り上げます。すで
に述べたように、流動資産は、企業活動において比較的短期間に回収又
は消滅する資産です。流動資産に属するかどうかの判定に際しては、正
常営業循環基準と一年基準が適用されます。その結果、流動資産には、
正常営業循環過程の中に存在する資産と、それ以外の資産で1年以内に
回収又は消滅する資産が含まれます。

　より具体的には、流動資産は、一般に当座資産、棚卸資産及びその他
の流動資産に分類され、それぞれ以下のようなものが含まれます。

　当座資産

　　現金及び預金

　　営業活動から生じる金銭債権等（売掛金、受取手形、電子記録債
　　権、契約資産など）

　棚卸資産

　　販売目的で保有する棚卸資産（商品、製品、原材料、仕掛品など）

　その他の流動資産

　　営業活動以外の活動から生じる金銭債権等（短期貸付金など）

　　営業活動に関連して財又はサービスに転化する資産（前渡金、前
　　払費用など）

2. 当座資産

　当座資産は、企業活動における支払手段となる性格を有する資産です。

（1）現金及び預金

　当座資産の代表例は、現金及び預金です。

　現金は、企業活動において最も流動性が高い資産で、これには、通貨
及び通貨代用証券が含まれます。通貨は、硬貨及び紙幣です。通貨代用
証券は、他人振出しの小切手、送金小切手などのように、通貨ではない
ものの法令等で現金と同等の流通性が担保されている証券です。なお、
現代では、ペーパーレス化や企業の支払手段の多様化によって、企業活
動においても、現金に代替する支払手段が増えてきています。

　預金は、銀行等に預け入れている資金です。流動資産として計上され
るものとしては、普通預金や当座預金といった要求払い預金が代表的で
すが、その他、定期預金等であっても 1 年以内に満期が到来するもので
あれば流動資産に含まれます。

（2） 営業債権

　営業債権は、企業の営業活動から生じた債権をいい、売掛金、受取手形、電子記録債権などが含まれます。

　営業債権は、原則として、その債権金額によって評価します。ただし、営業債権の貸借対照表価額は、債権金額から貸倒見積高を控除した後の回収可能価額によるものとされています。貸借対照表において、貸倒見積高は貸倒引当金として表示され、通常、債権金額から間接的に控除する形式で表示します。

　売掛金や受取手形は、企業の営業上の債権で、商品を販売したり、サービスを提供したりした際に対価として受け取ったものです。売掛金は、支払いまでの期間が明示されていませんが、頻繁に取引を行う企業間で生じる債権であり、その決済は商慣行によって決まるものです。受取手形は、約束手形などの証券が発行されます。約束手形には、債権金額の他、支払時期や支払場所が明示されています。

　近年では、ペーパーレス化が進み、手形に代えて、電子記録債権として債権を保有することもあります。電子記録債権は、記録機関を介して、電子的に債権の決済を行う仕組みによって担保される債権です。

　顧客との間で財又はサービスを提供する契約を締結している場合において、すでに顧客へ財又はサービスの移転が完了した部分については、進捗度に基づいて収益が認識され、その対価として（すべての履行義務が充足しない限り）契約資産が計上されます。契約資産は、法律的な意味での金銭債権とはなっていませんが、いずれ契約上のすべての履行義務が充足されれば、売掛金などに振り替えられるべきものであるため、会計上は、売掛金等の債権と同様の取扱いを行うものとされています。

　なお、受取手形や電子記録債権を金銭の貸付などの財務活動の目的で保有することがあります。このような債権は、営業債権ではないので、

直ちに流動資産に区分されることはありません。回収までの期間が1年以内の場合であれば、流動資産に区分されますが、1年を超える場合には固定資産に区分されます。

●設例6-1　営業債権の評価

　当社の売掛金の変動状況は、下記の通りであった。当社は、売掛金の各期末残高に対して2%の貸倒引当金を設定する。

	20X1年度	20X2年度
当期首残高	——	200,000千円
当期掛売上高	700,000千円	750,000千円
当期回収高	500,000千円	700,000千円
当期貸倒高	——	3,000千円
当期末残高	200,000千円	247,000千円

　以上より、各年度における貸倒引当金繰入額と貸倒引当金の残高を求めなさい。

解答

	20X1年度	20X2年度
貸倒引当金繰入額	4,000千円	3,940千円
貸倒引当金の残高	4,000千円	4,940千円

　20X1年度期末において、次の金額の貸倒引当金を設定します。

　　貸倒引当金＝貸倒引当金繰入額＝200,000千円×0.02＝4,000千円

貸倒引当金を設定する仕訳を示すと、次の通りです。

74

　　　（借）貸倒引当金繰入額　　4,000　　（貸）貸倒引当金　　4,000

　20X2年度中において、売掛金の貸倒れが生じましたが、これに対してはすでに貸倒引当金を設定しているので、新たに貸倒損失を計上しないで、次の仕訳のように、貸倒引当金を充当します。

　　　（借）貸倒引当金　　3,000　　（貸）売　掛　金　　3,000

　20X3年度期末においては、次の金額の貸倒引当金を設定します。
　　　貸倒引当金＝247,000千円×0.02＝4,940千円
　この時点で、貸倒引当金は1,000千円（＝4,000千円－3,000千円）だけ残っているので、次のように、新たに繰り入れるべき貸倒引当金は、3,940千円になります。
　　　貸倒引当金繰入額＝4,940千円－1,000千円＝3,940千円
貸倒引当金を設定する仕訳を示すと、次の通りです。

　　　（借）貸倒引当金繰入額　　3,940　　（貸）貸倒引当金　　3,940

3. 棚卸資産

（1）棚卸資産の意義

　棚卸資産は、直接・間接に販売を目的として保有する資産です。例えば、小売業や卸売業といった商業であれば商品が該当します。製造業（工業）であれば、原材料・仕掛品・製品が該当します。サービス業では、特定のプロジェクトのために支出された金額を仕掛品勘定に集計しておくことがあります。

　なお、販売目的でなく、一般管理活動において短期的に消費される事務用消耗品なども、棚卸資産に分類されます[1]。

1）このような事務用消耗品を消費した時は、売上原価ではなく、消耗品費に振り替えられます。

（2）　取得原価の算定

　これらの棚卸資産は、取得原価で評価されます。商品・製品等は、投下された原価の累計額によって評価されています。販売されれば、売上原価という費用に振り替えられます。

　商業の場合、通常、仕入先から購入することによって商品を取得します。この場合、商品の取得原価は、購入代価に引取運賃等の付随費用を加算することによって算定されます。

　工業の場合、原材料から仕掛品を経て、製品となる製造過程において原価計算の手続が適用されます。原価計算の基本的な仕組みは、製造活動に投下されたすべての原価を集計して、完成した製品と期末仕掛品の原価を算定するというものです。

（3）　取得原価の配分

　棚卸資産の取得原価の配分は、取得原価を未販売の資産の原価と販売済みの売上原価に配分する作業になります。当期の仕入高は、次の式のように、販売した商品の原価である売上原価と未販売の商品の原価である期末棚卸高に配分されます。

　　　　当期商品仕入高＝売上原価＋商品期末棚卸高

　図表6-1は、このような棚卸資産の取得原価の期間配分について図解しています。

　棚卸資産の取得原価は、当期首時点で棚卸高が存在する場合、期首棚卸高も当期の売上原価と期末棚卸高に配分されます。したがって、上記の式は、次のように書き換えることができます。

　　　　商品期首棚卸高＋当期商品仕入高＝売上原価＋商品期末棚卸高

　売上原価を計算するための式に書き換えると、次のようになります。

　　　　売上原価＝商品期首棚卸高＋当期商品仕入高－商品期末棚卸高

図表6-1　棚卸資産の取得原価の期間配分

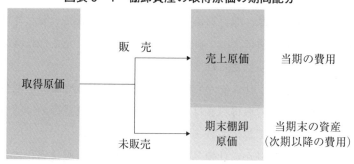

　売上原価を計算することができれば、売上高から売上原価を差し引いて、売上総利益を計算することができます。売上総利益は、実務において、粗利益や「あらり」などと呼ばれることもあります。

　　売上高 - 売上原価 = 売上総利益

　棚卸資産の取得原価の配分は、原則として、数量と単価の2つの面から行われます。

　まず、数量については、継続記録法と棚卸計算法の2つの方法があります。継続記録法は、商品有高帳を設け、資産の受入れと払出しの都度、数量の増減を記録する方法です。一方、棚卸計算法は、一定期間ごとに商品の数量を棚卸によって把握する方法です。商品の払出数量は、受入高から棚卸高を差し引くことによって間接的に把握されます。

　一般には、重要な資産については継続記録法を採用して詳細な在庫管理を行います。もちろん、継続記録法を採用していても、定期的に棚卸を行い、実際の棚卸高を確認します。重要性が乏しい資産については、棚卸計算法による簡便な在庫管理が行われます。

　次に、単価の計算については、個別法、先入先出法、平均法などの方法が採用されています。同じ種類の棚卸資産であっても、取得の時期に

よって単価が異なりえます。そのため、売上品として払い出された商品
に付すべき単価と在庫として残っている商品に付すべき単価とを区別す
る必要があります。

　これらの払出計算の方法のうち、個別法は、資産の物的な流れと単価
の流れを一致させる方法です。単価 100 円で仕入れた商品を売り上げた
ときには、売上原価を単価 100 円で算定することになります。

　先入先出法は、先に入ってきた商品から先に出ていくという仮定を設
けて、払出単価を算定する方法です。平均法は、仕入れの都度又は一定
期間ごとに、商品の平均単価を計算し、それを払出単価とする方法で
す。なお、理論的には、後入先出法という方法もありますが、この方法
は実際の在庫管理の方法と異なると考えられることなどから、現在では
認められていません。

●設例 6 - 2　棚卸資産の取得原価の配分

4 月中における商品に関する取引は、次の通りである。

4/ 1	前月繰越	200 個	@800 円	160,000 円
5	仕　　入	400 個	@830 円	332,000 円
18	売　　上	450 個	@1,000 円	450,000 円

　商品の払出原価の計算を先入先出法と移動平均法のそれぞれの方法に
よった場合における売上原価と売上総利益を求めなさい。

解答

	先入先出法	移動平均法
売 上 原 価	367,500 円	369,000 円
売上総利益	82,500 円	81,000 円

　先入先出法と移動平均法のそれぞれを適用した場合における商品有高帳（商品管理のために商品の受払いと残高の状況を記帳するための帳簿）を示すと、次の通りです。

［先入先出法］

商 品 有 高 帳

日付	摘　要	受 入 高			払 出 高			残 高		
		数量	単価	金額	数量	単価	金額	数量	単価	金額
4/ 1	前 月 繰 越	200	800	160,000				200	800	160,000
5	仕　　　入	400	830	332,000				⎰200	800	160,000
								⎱400	830	332,000
18	売　　　上				⎰200	800	160,000			
					⎱250	830	207,500	150	830	124,500
30	次 月 繰 越				150	830	124,500			
		600		492,000	600		492,000			

　先入先出法では、4月18日の売上に対応する商品450個の払出原価は、先に仕入れた分から先に払い出されるという先入先出の仮定に基づいて計算します。この場合、4月1日の期首棚卸高から200個が、4月5日の仕入高から250個が払い出されたと考えます。その結果、未販売の棚卸高150個については4月5日の仕入高の単価が付されます。

　参考に、上記の商品有高帳に記入されている取引について仕訳をすると、次のようになります。なお、仕入と売上の取引は掛によって行われ、月次決算を行っているものと想定します。

4/ 5	（借）仕	入	332,000	（貸）買	掛	金	332,000
18	（借）売	掛	金	450,000	（貸）売	上	450,000
30	（借）仕	入	160,000	（貸）繰 越 商 品	160,000
〃	（借）繰 越 商 品	124,500	（貸）仕	入	124,500

　商品売買の記帳方法としては、三分法と呼ばれる方法が最も一般的とされています。三分法では、繰越商品、仕入及び売上という 3 つの勘定を用いて商品売買取引を記録します。基本的に、商品を仕入れたときは仕入勘定を用い、商品を売り上げたときは売上勘定を用います。

　したがって、売上勘定において当期の売上高が、仕入勘定において当期の仕入高が集計されます。しかし、仕入勘定における当期の仕入高は、そのままでは損益計算書に計上すべき売上原価を表しません。そこで、決算整理手続において、期首棚卸高を繰越商品勘定から仕入勘定に振り替え、逆に期末棚卸高を仕入勘定から繰越商品勘定に振り替えます。その結果、次のように、仕入勘定において売上原価が算定されることになります。

　　　当期商品仕入高＋商品期首棚卸高－商品期末棚卸高＝売上原価
　以上の仕訳を 3 つの勘定に転記すると、次のようになります。

繰 越 商 品

4/ 1 前 月 繰 越 160,000	4/30 仕 入 160,000	
30 仕 入 124,500	〃 次 期 繰 越 124,500	
284,500	284,500	

仕 入

4/ 8 買 掛 金 332,000	4/30 繰 越 商 品 124,500
30 繰 越 商 品 160,000	〃 損 益 367,500
492,000	492,000

売 上

4/30 損 益 450,000	4/18 売 掛 金 450,000

[移動平均法]

商 品 有 高 帳

日付	摘 要	受 入 高			払 出 高			残 高		
		数量	単価	金額	数量	単価	金額	数量	単価	金額
4/ 1	前 月 繰 越	200	800	160,000				200	800	160,000
5	仕 入	400	830	332,000				600	820	492,000
18	売 上				450	820	369,000	150	820	123,000
30	次 月 繰 越				150	820	123,000			
		600		492,000	600		492,000			

　移動平均法では、4月5日の仕入に伴って、平均単価を次のように修正します。

$$平均単価 = \frac{160{,}000\,円 + 400\,個 \times 830\,円}{200\,個 + 400\,個} = 820\,円$$

4月18日の売上商品450個の払出原価の計算は、この平均単価820円を用いて計算します。同日の棚卸高も同様です。

　それぞれの方法に基づいて、損益計算書を作成すると、次の通りです。

（単位：円）

	先入先出法	移動平均法
売　上　高　　　　　(a)	450,000	450,000
商品期首棚卸高　　　(b)	160,000	160,000
当期商品仕入高　　　(c)	332,000	332,000
計　　　(d＝b＋c)	492,000	492,000
商品期末棚卸高　　　(e)	124,500	123,000
売　上　原　価　(f＝d−e)	367,500	369,000
売　上　総　利　益　(g＝a−f)	82,500	81,000

（4）帳簿価額と正味売却価額の比較

　棚卸資産については、各期末においてその帳簿価額が回収可能かどうかを調べる必要があります。企業は、期末における売却時価から販売に要する諸費用を差し引いて、正味売却価額を見積もり、この正味売却価額が帳簿価額を下回っている場合には棚卸評価損を計上する必要があります。なお、棚卸評価損は、原則として、売上原価に含めます。異常な原因に起因し、かつ金額が多額となる場合には、特別損失とします。

82

●設例6-3　帳簿価額と正味売却価額の比較

4月末日（決算日）における商品の棚卸高は、数量が180個、単位当たりの取得原価が850円であった。当該商品の単位当たり売価が800円、単位当たりの売却に要する諸費用が40円であることが判明した。棚卸評価損の金額を求めなさい。

解答

16,200円

商品180個に係る正味売却価額及び棚卸評価損は、次のように算定されます。

正味売却価額＝（800円－40円）×180個＝136,800円

棚卸評価損＝取得原価850円×180個－正味売却価額136,800円

＝16,200円

三分法による場合において、棚卸評価損を計上する仕訳は、次のようになります。

4/30　（借）棚卸評価損　16,200　（貸）繰越商品　16,200

（5）トレーディング目的で保有する棚卸資産

棚卸資産をトレーディング目的で保有する場合があります。トレーディングとは、例えば、原油、農産物や鉱産物などを短期間に売買して、値上り益を狙う活動をいいます。

トレーディング目的で保有する棚卸資産に対しては、時価会計が適用されます。時価会計では、棚卸資産は、期末において時価によって評価され、従前の簿価と時価との差額（評価損益）は、売買損益と合わせて、

損益計算書に売上高として計上されます。

4.　その他の流動資産

その他の流動資産としては、有価証券、短期貸付金、未収金、前渡金、前払費用及び未収収益などが含まれます。

（1）　有価証券

企業は、株式や公社債等の有価証券を売買目的で保有する場合があります。このような有価証券は、売買目的有価証券に分類され、流動資産の区分に記載されます。売買目的有価証券は、企業が値上がり益を目的として短期的に繰り返して売買されるような有価証券です。

売買目的有価証券は、トレーディング目的で保有する棚卸資産と同様に、時価会計によって会計処理が行われます。すなわち、売買目的有価証券は貸借対照表において時価で評価され、「有価証券」として記載されます。時価評価による評価差額は、損益計算書において評価損益として計上され、売却損益と同様に純利益に含められます。

●設例6-4　売買目的有価証券

当期中における甲社株式の売買に関する資料は、次の通りである。当社は、甲社株式を売買目的有価証券に分類している。甲社株式の売買に係る運用損益（評価損益と売却損益の合計）と期末貸借対照表価額を求めなさい。

6/ 1　甲社株式を売買目的で 100 株、@50,000 円で取得した。

8/20　上記株式のうち 30 株を @52,000 円で売却した。

10/10　甲社株式 50 株を @53,000 円で買い足した。

11/20　甲社株式 40 株を @52,800 円で売却した。

12/31 決算日。甲社株式の評価額は、@50,200円であった。

解答

運用損益 38,000円（運用益） 期末貸借対照表価額 4,016,000円

時価会計を適用する場合、有価証券に関連するキャッシュ・フローと期末の時価評価額に基づいて、次のように運用損益を貸借差額として計算することができます。

有 価 証 券

6/ 1 取 得	5,000,000	8/20 売 却	1,560,000
10/10 取 得	2,650,000	11/20 売 却	2,112,000
12/31 運 用 益	38,000	12/31 期 末 残 高	4,016,000

仕訳を示すと、次の通りです。すべて現金預金によって決済されたものとします。

6/ 1	（借）有 価 証 券	5,000,000	（貸）現 金 預 金	5,000,000
8/20	（借）現 金 預 金	1,560,000	（貸）有 価 証 券	1,560,000
10/10	（借）有 価 証 券	2,650,000	（貸）現 金 預 金	2,650,000
11/20	（借）現 金 預 金	2,112,000	（貸）有 価 証 券	2,112,000
12/31	（借）有 価 証 券	38,000	（貸）有価証券運用益	38,000

（2）短期貸付金・未収金・前渡金

その他の流動資産には、このほかにも短期貸付金・未収金・前渡金などの主たる営業活動外の活動から生じる債権が含まれます。

企業が他者に対して貸付を行うことがあります。この場合、貸付金と

いう債権が資産として計上されます。貸付金のうち流動資産の区分に記載されるものは、回収までの期間が1年以内の短期貸付金です。なお、長期貸付金でも、回収までの期間が残り1年以内となった場合には、流動資産の区分に記載されます。

　未収金は、主たる営業活動以外の活動から生じた金銭債権です。例えば、有価証券や備品などの売却によって得られる代金を後日受け取る場合に生じる債権が未収金です。

　また、前渡金というのは、商品やサービスを購入するに際してあらかじめ代金の一部を支払った場合の当該支払額をいいます。前渡金は、いずれ商品やサービスの対価の一部となりますので、支払った時点における支払額によって評価されます。

（3）　前払費用と未収収益

　前払費用や未収収益といった経過勘定項目も、流動資産として表示されます。

　前払費用は、一定期間にわたりサービスを受け取る契約に基づいて、対価をすでに支払っているにもかかわらず、未だ提供を受けていないサービスに対する対価として生じる資産をいいます。また、未収収益は、一定期間にわたりサービスを提供する契約に基づいて、サービスをすでに提供しているにもかかわらず、対価を受け取っていない場合に生じる資産をいいます。

　なお、前払費用のうち、1年を超えた時点において提供を受ける予定の部分については、長期前払費用として固定資産の区分に表示されます。このため、流動資産の区分に表示される前払費用は、1年以内にサービスの提供を受ける予定の部分となります。

7 | 資産会計（有形固定資産）

《本章のポイントと学習の目標》

- 貸借対照表における固定資産の区分は、さらに有形固定資産、無形固定資産及び投資その他の資産に分けられる。

- 有形固定資産とは、長期間にわたって利用することを目的として保有する資産のうち、物理的実体を有するものである。

- 有形固定資産の取得原価は、取得のために犠牲となった対価の額による。有形固定資産を購入によって取得した場合には、購入代価に付随費用を加算した額をもって取得原価とする。有形固定資産を同種の有形固定資産との交換によって取得した場合には、譲り渡した資産の適正な帳簿価額をもって新たに受け入れた資産の取得原価とする。有形固定資産を受贈によって取得した場合には、当該資産の時価をもって取得原価とする。

- 有形固定資産の取得原価は、減価償却の手続によって、その耐用年数にわたり配分しなければならない。耐用年数の決定に際しては、有形固定資産の物理的減価と機能的減価を考慮する。なお、耐用年数経過時点において見込まれる残存価額は、減価償却の手続を適用するに際して取得原価から控除する。

- 減価償却の方法には、定額法、定率法、生産高比例法などの方法がある。

- 有形固定資産の取得原価から減価償却累計額を控除した帳簿価額は、資産の使用及び処分から得られる将来のキャッシュ・フローによって回収されるものでなければならない。

- 有形固定資産の帳簿価額が将来のキャッシュ・フローによって回収することができない場合には、当該有形固定資産の帳簿価額を回収可能価額まで切り下げ、減損損失を認識しなければならない。有形固定資産の回収可能価額とは、当該資産の使用価値と正味売却価額のいずれか大きい価額をいう。

• 有形固定資産は、貸借対照表において、原則として取得原価から減価償却累計額を間接的に控除する形式によって表示する。有形固定資産について減損損失を認識した場合には、原則として、取得原価から減損損失の額を直接的に控除し、さらに減価償却累計額を間接的に控除する形式によって表示する。

《キーワード》　有形固定資産、減価償却、減損損失、リース取引

1.　有形固定資産の意義

　すでに述べたように資産は、流動資産、固定資産及び繰延資産に分類されます。さらに固定資産については、有形固定資産、無形固定資産及び投資その他の資産に分類されます。本章では、有形固定資産について詳しく説明します。

　有形固定資産は、長期的に企業活動のために利用する固定資産のうち、物理的実体を有する資産をいいます。代表的な例としては、不動産である土地、建物、構築物などが挙げられます。さらに動産である備品、機械装置、車両運搬具なども有形固定資産に該当します。

　有形固定資産の特徴は、この物理的実体のみならず長期間にわたり使用することを目的として保有する資産という点にも認められます。すでに説明したように、棚卸資産に分類される商品や製品は、販売することを目的に保有する資産であって、販売することによって直接的に収益をもたらし、かつ当該棚卸資産は販売することによりその取得原価が売上原価という費用に転化します。有形固定資産は、使用するにつれてその価値を減少させていきますが、通常、その取得原価は減価償却費という費用に転化していきます。

　次節以降では、有形固定資産の会計について、取得原価の決定、減価

償却、そして減損会計処理の順で説明することにします。

2. 有形固定資産の取得原価

　有形固定資産の取得時の会計処理における重要な問題は、有形固定資産の取得原価をどう決定するかという問題です。

　有形固定資産の取得は、様々な形態によって行われます。会計基準においては、有形固定資産を取得する形態ごとに分けて取り扱いが定められています。

　最も一般的な取得の形態は、有形固定資産を現金等の対価を支払って購入する場合です。購入による場合において、有形固定資産の取得原価は、購入対価に付随費用を加算して算定されます。取得原価に算入される付随費用は、有形固定資産を使用するために支払われたものであり、当該有形固定資産を企業活動の用に供するために不可欠な費用です。

　付随費用の例としては、次のようなものがあります。

- 土地・建物等に係る付随費用　整地費用、仲介手数料、登記費用など
- 機械・備品等に係る付随費用　引取運賃、据付費、試運転費など
- 車両運搬具等に係る付随費用　自動車取得税、引取運賃など

購入以外の手段で有形固定資産を取得した場合、次のように取り扱います。

- 有形固定資産を自家建設によって取得した場合、適正な原価計算基準に従って算定された製造原価をもって取得原価とします。
- 有形固定資産を新たに発行した株式と交換に取得した場合（現物出資による場合）、新たに取得した資産の時価と発行した株式の時価のいずれか信頼性の高い方をもって取得原価とします。
- 有形固定資産を交換によって取得した場合、交換に供された資産の適正な帳簿価額をもって取得原価とします。ただし、異なる種類の有形固定資産の交換の場合においては、交換により取得した資産の

公正な評価額（時価）をもって取得原価とします。

- 有形固定資産を受贈によって取得した場合、新たに取得した資産の公正な評価額（時価）をもって取得原価とします。

3. 減価償却

（1）　減価償却の意義と財務的効果

　有形固定資産の取得原価は、その後の耐用年数にわたって配分されていきます。有形固定資産の取得原価を耐用年数内の各期間にわたって配分する手続を減価償却といいます。減価償却によって各期間に配分された取得原価は、減価償却費という当該期間の費用として損益計算書に記載されます。配分されなかった未償却の原価は、有形固定資産の帳簿価額として貸借対照表に計上されます。減価償却費の累計額は、「減価償却累計額」と呼ばれます。したがって、有形固定資産の帳簿価額は、次式のように、取得原価から減価償却累計額を控除して算定された価額のことをいいます。有形固定資産の帳簿価額は、貸借対照表に計上される価額になりますから、貸借対照表価額ともいいます。

　　　帳簿価額（貸借対照表価額）＝取得原価－減価償却累計額

　このように、有形固定資産の貸借対照表価額は、当該資産の価値を直接的に評価しようとしたものではなく、減価償却という費用配分の結果として間接的に算定されたものであるといえます。有形固定資産の貸借対照表価額は、それだけの収益を獲得する能力のある資産が存在しているという意味をもっていますが、他方で、将来の期間において負担すべき減価償却費の金額がそれだけ残っているということも意味しています。

　図表 7-1 は、有形固定資産の減価償却の手続を説明しています。取得時から処分時までの年数が耐用年数を表しています。取得時点における取得原価は、耐用年数にわたり処分時点における残存価額まで減額し

図表7-1　減価償却

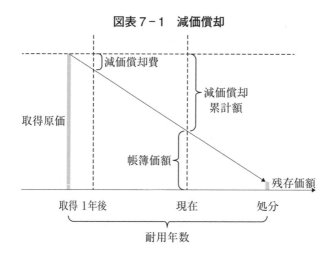

ていきます。減価償却の手続は、一定の仮定に基づいて規則的に行われ
ていきます。1年後において計上される減価償却費が図示されています
が、その結果、有形固定資産の帳簿価額が実線で示されているように、
減少していきます。現在時点で考えるとき、取得時から現在時点までに
計上された減価償却費の合計額が減価償却累計額です。取得原価から減
価償却累計額を控除した額が帳簿価額です。

　なお、減価償却には、一定の財務的効果があるといわれています。減
価償却費は、損益計算書に記載される費用ではありますが、現金支出を
伴わないものです。このため、減価償却費の分だけ、企業に現金が留保
されるという効果が生じます。このことは、減価償却の自己金融効果と
呼ばれています。貸借対照表の観点でみると、有形固定資産の帳簿価額
が減少して、その分だけ現金等の流動資産が増えることから、固定資産
の流動化などとも呼ばれています。

（2）　減価償却の方法

　減価償却は、取得原価、残存価額及び耐用年数という３つの要素を算定することから始まります。取得原価については、すでに述べたような手続に従って算定が行われます。耐用年数は、資産の処分が見込まれるまでの年数です。耐用年数の決定に際しては、使用や時の経過といった物理的要因による減価と陳腐化や不適応化といった機能的（経済的）要因による減価を考慮する必要があります。例えば、技術革新が著しい機械装置については、その陳腐化を見越して耐用年数を短めに設定する必要があるかもしれません。残存価額は、資産の耐用年数が経過して処分するときに受け取ることができる処分価額を表します。耐用年数と残存価額は、経営者が事前に見積もっておく必要があります。

　減価償却の手続によって計上される減価償却費の総額は、取得原価から残存価額を控除した要償却額です。次は、この要償却額をどのような償却パターンで配分していくかを決める必要があります。現在の実務で最も多く用いられている方法には、定額法と定率法の２つがあります。

　定額法は、毎期一定額の減価償却費を配分していく方法です。

$$減価償却費 = (取得原価 - 残存価額) \div 耐用年数$$

　例えば、取得原価が 1,000,000 円で残存価額が 100,000 円、耐用年数が５年の資産（備品）については、毎期 180,000 円の減価償却費が計上されます。

$$各年度の減価償却費 = (1,000,000 円 - 100,000 円) \div 5 年$$
$$= 180,000 円$$

　減価償却費の計上は企業外部との取引ではないので、その仕訳は、通常、決算整理手続において行われます。この場合、有形固定資産の勘定を直接控除しないで、「減価償却累計額」勘定を設けて、同勘定に減価償却費の金額を累積させていきます（間接法といいます。）。

（借）減 価 償 却 費　180,000　　（貸）備品減価償却累計額　180,000

　これに対して、定率法は、毎期一定の償却率を期首の帳簿価額に乗じて減価償却費を計算する方法です。

　　　減価償却費＝期首帳簿価額×償却率

$$償却率＝1-\sqrt[耐用年数]{\frac{残存価額}{取得原価}}$$

　例えば、前記の資産について、償却率を求めると、およそ36.9％となります。1から36.9％を差し引いた63.1％は、残価率と呼ばれ、1に対して耐用年数分を累乗すると、残存価額の取得原価に対する割合0.1になります。

　　　$1 \times (1-0.369)^5 \fallingdotseq 0.1$

　定率法によると、次の計算式のように、第1年度の減価償却費は369,000円、第2年度の減価償却費は232,839円になります。

　　　第1年度の減価償却費＝1,000,000円×0.369＝369,000円

　　　第2年度の減価償却費＝（1,000,000円−369,000円）×0.369

　　　　　　　　　　　　　＝232,839円

　定額法と定率法による計算結果を図解すると、**図表7-2**のようになります。定額法では、毎期の減価償却費が一定となり、帳簿価額は直線的に減少します（このため、定額法を直線法と呼ぶこともあります。）。定率法では、毎期の減価償却費が逓減し（このため、定率法を逓減償却法と呼ぶことがあります。）、帳簿価額の減少度合いは期間が経過するごとに小さくなっていきます。

　なお、減価償却の実務は、法人税法の影響を強く受けています。なぜなら、法人税法では、減価償却費の損金算入について、確定した決算において計上した額のみを認めるという確定決算主義の考え方を採用して

図表 7 - 2　定額法と定率法

定額法

毎期の減価償却費

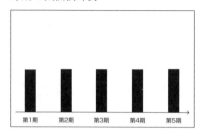

定率法

毎期の減価償却費

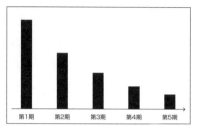

帳簿価額

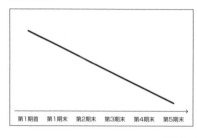

帳簿価額

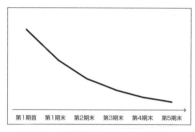

いるからです。

　税法上の減価償却においては、まず一律に残存簿価が 1 円の備忘価額まで行われるものとされています。さらに、資産の耐用年数は、財務省令によって、資産の種類ごとに詳細に定められています。

　税法上の定額法においては、財務省令で定められた耐用年数に基づいて、定額法の償却率が定められています。例えば、8 年の耐用年数の資産については定額法の償却率は、その逆数である 1/8 ＝ 0.125 となります。税法上の定額法において、減価償却費は、取得原価に定額法の償却率を乗じて算定されます。例えば、取得原価 1,000,000 円の資産については、次のように計算されます。

　　　各年度の減価償却費＝ 1,000,000 円× 0.125 ＝ 125,000 円

　さらに、税法上の定率法においては、償却率が定額法の償却率の原則2倍に設定されます。したがって、耐用年数が8年の資産については、0.125×2＝0.25が定率法の償却率になります。

　税法上の定率法によると、各年度の減価償却費は、次のように、期首の帳簿価額に償却率を乗ずることによって計算されます。

　　　　第1年度の減価償却費＝1,000,000円×0.25＝250,000円

　　　　第2年度の減価償却費＝(1,000,000円－250,000円)×0.25

　　　　　　　　　　　　　　＝187,500円

　なお、税法上の定率法では、徐々に各年度の減価償却費が減少していくので、ある年度から期首の残存簿価を残存耐用年数にわたって定額法によって計算する方が、定率法によって計算するより減価償却費が大きくなります。このような年度からは、残存簿価を定額償却していくことが認められています。

4. 減損会計

　前節で述べたように、有形固定資産の貸借対照表価額は、取得原価から減価償却累計額を控除した価額です。したがって、有形固定資産の何らかの価値を積極的に測定したという金額ではありません。他方において、有形固定資産の貸借対照表価額は、将来の期間において回収可能なものでなければなりません。このため、一定の条件の下で、減損会計による帳簿価額の回収可能性のチェックが行われます。

　資産の減損とは、一般に、資産の収益性が低下し、将来のキャッシュ・フローによって企業が行った投資が回収できない状態のことをいいます。とくに固定資産については、長期にわたって利用されることから、将来のキャッシュ・フローの低下による影響が大きく、企業は、しばしば大きな金額の減損損失を認識しなければならない事態に陥ることがあ

ります。

　固定資産の減損会計は、有形固定資産と無形固定資産を区別すること
なく、適用される手続ですので、本節では、とくに有形固定資産である
か無形固定資産であるかにこだわらずに説明することにします。

（1）　減損の兆候

　固定資産の減損会計は、減損の兆候、減損損失の認識、そして減損損
失の測定という 3 つのステップを踏んで行われます。減損の兆候は、比
較的判断が簡易な指標から構成されています。減損の兆候があると判断
された場合には、企業は、より詳しく当該固定資産から生じる将来のキ
ャッシュ・フローを見積もる必要があります。

　減損の兆候には、資産から生じる営業利益や営業活動からのキャッシ
ュ・フローがマイナスとなっている状態、資産の使用方法に重要な変更
が生じている状態、資産の市場価格が著しく下落している状態などが該
当します。

（2）　減損損失の認識

　このような減損の兆候が存在する場合、資産から生じる将来のキャッ
シュ・フローを見積もる必要があります。将来キャッシュ・フローの割
引前の総額が資産の帳簿価額を下回っている場合、減損損失を認識すべ
きであると判断されます。

（3）　減損損失の測定

　減損損失を認識すべきであると判断された場合には、資産の帳簿価額
を回収可能価額まで切り下げます。回収可能価額とは、資産の使用価値
と正味売却価額とのいずれか大きい方をいいます。使用価値は、資産の

継続的使用から生じるキャッシュ・フローの現在価値で、正味売却価額は資産の売却価額から売却に要する諸費用を控除した価額です。この2つを比較して大きい方を採用するということは、企業が、資産の継続使用と処分のいずれが有利かを判断することを前提としています。帳簿価額と回収可能価額との差額は、減損損失として損益計算書における特別損失として計上されます。

●設例7-1　減損会計

当期末において下記の機械装置に減損の兆候があった。当期末において計上すべき減損損失の金額を求めなさい。

1. 当期末における帳簿価額　5,000,000円
2. 当期末において見積もられた将来のキャッシュ・フロー

   1年後から3年後まで、機械装置の使用によってそれぞれ1,197,900円生じる。

   3年後の処分収入が399,300円生じる。
3. 使用価値を見積る際の割引率　年10%
4. 当期末において見積もられる売却収入2,500,000円。ただし、売却に要する諸費用が200,000円と見積もられる。

解答

　減損損失　1,721,000円

　割引前の将来キャッシュ・フローは、次のように見積られます。

　　割引前将来キャッシュ・フロー＝1,197,900円×3年分＋399,300円

　　　　　　　　　　　　　　　　＝3,993,000円

この金額が帳簿価額5,000,000円よりも小さいので、減損損失の認識

を行うと判断されます。

　さらに、使用価値と正味売却価額は、次のように見積られます。

$$使用価値 = \frac{1,197,900\,円}{1+0.1} + \frac{1,197,900\,円}{(1+0.1)^2} + \frac{1,197,900\,円}{(1+0.1)^3} + \frac{399,300\,円}{(1+0.1)^3}$$

$$= 3,279,000\,円$$

　　正味売却価額 = 2,500,000 円 − 200,000 円 = 2,300,000 円

　したがって、使用価値の方が正味売却価額よりも大きいので、回収可能価額は 3,279,000 円となります。

　この結果、減損損失は、次のように求められます。

　　減損損失 = 5,000,000 円 − 3,279,000 円 = 1,721,000 円

　減損損失の計上に関する仕訳は、次の通りです。

　　（借）減　損　損　失　1,721,000　　（貸）機　械　装　置　1,721,000

　なお、減損損失の計上に際しては、資産の取得原価から直接的に控除する方法が原則とされています。このほかにも、別途、「減損損失累計額」勘定を設けて同勘定に減損損失の額を計上する方法、「減価償却累計額」勘定に減価償却費と減損損失を合わせてその累計額を計上する方法もあります。

5. ファイナンス・リース取引による有形固定資産の取得

　また、企業は、リース取引によって有形固定資産を調達する場合があります。リース取引は、リース契約によって定められたリース期間にわたって、借手がリース料を支払い、貸手はリース取引の対象となるリース物件を借手が使用できるように提供する取引をいいます。

　会計上、リース取引は、大別して、ファイナンス・リース取引とオペレーティング・リース取引に分類されます。ファイナンス・リース取引

は、借手がリース期間にわたってリース物件を使用するために必要な資金を貸手が提供する機能を伴っているため、法律上は賃貸借取引であっても、会計上は実質的な借入による（ファイナンス付の）資産の購入取引を意味していると解釈されます。これに対して、オペレーティング・リース取引は、このような資金の借入という機能が付随しない、単純な資産の賃貸借取引と解釈されることになります。

　あるリース取引がファイナンス・リース取引に該当するか否かの判断に当たっては、リース期間のほとんどすべてにわたって契約を実質的に解除できないこと（ノンキャンセラブル要件）と、リース物件に係るコストと便益のほとんどすべてが借手に移転していること（フルペイアウト要件）という2つの要件が満たされている必要があります。

　ファイナンス・リース取引によって調達したリース物件は、リース資産として貸借対照表に計上されます。リース物件が有形固定資産の場合には、リース資産は有形固定資産の区分に記載されます。その会計処理は、通常の購入取引によって取得した有形固定資産と同様に、まず、取得原価によって計上されます。リース資産の取得原価は、将来において支払うべきリース料の現在価値（リース債務の債務額）によります。

　その後、リース資産には減価償却の手続が適用され、リース資産の取得原価はその耐用年数を表す期間にわたって減価償却費として期間配分されることになります。また、リース債務については、時の経過とともに支払利息が生じ、リース料はリース債務の返済に充当されます。

●設例7-2　ファイナンス・リース取引による有形固定資産の取得

　当期首（第1期期首）において、機械装置を下記のファイナンス・リース取引によって取得した。リース資産の取得原価、当期（第1期）における減価償却費及び支払利息、並びに翌期（第2期）末におけるリー

ス資産の減価償却累計額及びリース債務の残高を求めなさい。

1. 毎期のリース料　322,102 円（各期末に支払う。）
2. 追加借入利子率年 10%
3. リース期間　5 年（耐用年数と同じ）
4. 減価償却方法　定額法（残存価額はゼロとする。）

解答

　　リース資産の取得原価　1,221,020 円

　　当期における減価償却費　244,204 円

　　当期における支払利息　122,102 円

　　翌期末におけるリース資産の減価償却累計額　488,408 円

　　翌期末におけるリース債務　801,020 円

　　リース資産（機械装置）の取得原価＝リース債務の当初金額

　　　　　＝リース料の現在価値

$$=\frac{322,102\ 円}{1.1}+\frac{322,102\ 円}{1.1^{2}}+\frac{322,102\ 円}{1.1^{3}}+\frac{322,102\ 円}{1.1^{4}}+\frac{322,102\ 円}{1.1^{5}}$$

　　　　　＝1,221,020 円

　　リース資産側の会計処理：

　　　当期（第 1 期）の減価償却費＝1,221,020 円÷5 年＝244,204 円

　　　翌期（第 2 期）末の減価償却累計額＝244,204 円×2 年分＝488,408 円

　　リース債務側の会計処理：

　　　当期（第 1 期）の支払利息＝1,221,020 円×0.1＝122,102 円

　　　当期（第 1 期）末のリース債務＝1,221,020 円＋122,102 円－322,102 円

　　　　　　　　　　　　　　　　＝1,021,020 円

　　　翌期（第 2 期）の支払利息＝1,021,020 円×0.1＝102,102 円

翌期（第2期）末のリース債務＝1,021,020円＋102,102円－322,102円
＝801,020円

　リース債務の変動状況を図示すると、次のようになります。例えば、第1期において、期首の残高は1,221,020円、支払利息122,102円だけ増加して第1期末には1,343,122円になりますが、リース料322,102円の支払いによって1,021,020円に減少します。

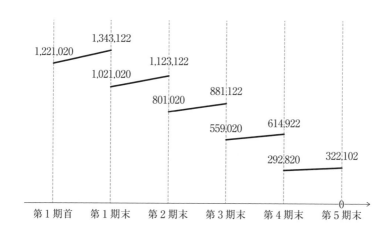

　なお、第1期及び第2期における仕訳を示すと、次のようになります。リース料の支払いは、現金預金によるものとしています。

第1期：

（借）リース資産	1,221,020	（貸）リース債務	1,221,020
（借）減価償却費	244,204	（貸）リース資産減価償却累計額	244,204
（借）支払利息	122,102	（貸）リース債務	122,102
（借）リース債務	322,102	（貸）現金預金	322,102

第 2 期：

（借）減 価 償 却 費	244,204	（貸）	リ ー ス 資 産 減価償却累計額	244,204
（借）支 払 利 息	102,102	（貸）リ ー ス 債 務		102,102
（借）リ ー ス 債 務	322,102	（貸）現 金 預 金		322,102

8 資産会計 （無形固定資産・投資その他の資産）

《本章のポイントと学習の目標》

- 貸借対照表の固定資産の部は、有形固定資産、無形固定資産及び投資その他の資産の3つに区分される。

- 無形固定資産とは、長期間にわたって使用することを目的として保有する資産のうち、物理的な実体を有しないものをいう。無形固定資産には、特許権、商標権、意匠権、実用新案権、借地権、ソフトウェア、のれんなどが含まれる。

- 無形固定資産の取得原価は、取得のために犠牲とした対価の額によって算定する。無形固定資産の取得原価は、その有効期間にわたって償却される。無形固定資産の償却方法としては、定額法を用いることが一般的である。

- ソフトウェアの制作費のうち、研究開発費に該当するものは、発生時の費用として処理される。市場販売目的のソフトウェアについては、研究開発費に該当する部分を除き、無形固定資産に計上され、見込販売数量又は見込販売収益に基づく生産高比例法によって償却される。自社使用目的のソフトウェアは、一般に、定額法によって償却される。

- のれんは、企業結合に際して、受け入れた被結合企業が有する資産の時価から負債の時価を差し引いた額を引き渡した対価の額が超過した場合における当該超過額である。のれんは、20年以内のその効果が及ぶ期間にわたって、定額法その他の合理的な方法によって償却される。

- 受け入れた被結合企業の資産の時価から負債の時価を差し引いた額を引き渡した対価の額が下回る場合、当該不足額は負ののれんとして利益に計上される。

- 無形固定資産は、のれんを含め、減損会計の対象となる。

- 投資その他の資産のうち投資は、企業の主たる営業活動とは直接的な関係のない投資活動によって取得した資産をいう。その他の資産には、長期前払費用が含まれる。
- 投資には、長期性の預金、長期貸付金、投資有価証券、関連会社株式などの金融資産、投資不動産などが含まれる。
- 長期性預金、長期貸付金などは、債権金額によって評価される。投資有価証券のうち、満期保有目的の債券は、取得原価又は償却原価によって評価される。その他有価証券は、時価によって評価されるものの、評価差額は損益ではなく純資産の部における評価・換算差額等（その他有価証券評価差額金）に直入される。
- 子会社株式及び関連会社株式は、個別財務諸表において、取得原価で評価される。
- 満期保有目的の債券、子会社株式及び関連会社株式、並びにその他有価証券については、時価が著しく下落した場合には、その回収の見込みが明らかである場合を除き、時価をもって貸借対照表価額とし、取得原価との差額を評価損として計上しなければならない。

《キーワード》　無形固定資産、のれん、償却、ソフトウエア、投資有価証券、満期保有目的の債券、その他有価証券、償却原価法、純資産直入法

1.　無形固定資産の意義

　すでに述べたように、貸借対照表における固定資産の部は、有形固定資産、無形固定資産及び投資その他の資産に区分されます。本章では、無形固定資産について取り上げて説明します。

　無形固定資産は、有形固定資産と同様に企業内において長期間にわたり利用される資産ですが、その名の通り、物理的実体のない資産です。無形固定資産の多くは、法律的な権利を表しており、具体的には、特許

権、商標権、意匠権、実用新案権などが該当します。これらの法律上の権利は、それを獲得した企業が自らの企業活動において活用することにより、より多くのキャッシュ・フローを生み出すことが期待されます。例えば、研究開発活動の結果、特許権を取得した場合、企業はこの特許権を製造活動において利用することによって他企業にはない製品を製造することができるようになります。さらに、当該特許権の使用を他の企業に許諾することによって特許使用料（ロイヤルティ）を得ることもできます。

近年では、IT 投資やシステム投資などと表現されるソフトウェアへの投資が増加しています。ソフトウェアは、企業活動において IT の活用を促進するための資産です。ソフトウェアを活用することによって、より効率的な企業活動を展開することが可能となります。ソフトウェアは、法律的には著作権の一種とされるので、会計上も、特許権などと同様に、法律上の権利を表す無形固定資産として貸借対照表に計上されます。

さらに、企業は、M&A 投資を行う場合があります。M&A とは、Mergers and Acquisitions の略で、様々な形態の企業買収を表します。

企業会計では、2 以上の企業が一つの報告企業に統合することを企業結合といいます。企業結合は、基本的に、ある企業が他の企業を取得する行為と捉えられています。そして、取得する側の企業を取得企業、取得される側の企業を被取得企業といいます。

企業結合は、基本的に、被取得企業の資産及び負債を受け入れ、取得企業が被取得企業の株主に取得の対価（現金や取得企業の株式など）を支払うことによって行われます。このとき、被取得企業の資産から負債を控除した差額である純資産に対して、より多額の取得の対価を支払った場合、のれんが生じます。のれんは、取得の対価が受け入れた純資産

の価額を超過した額として貸借対照表に計上されます。以上のような企業結合の会計処理方法をパーチェス法と呼んでいます。

　なお、企業結合の法的形態は様々ですが、一方の会社が他の会社を吸収する吸収合併や、2つの会社が完全子会社となって、完全親会社たる共同持株会社を設立する株式移転などの方法が存在します。

　のれんは、他の無形固定資産と同様に物理的実体を有していませんが、のれんの存在は、被取得企業には純資産額を超えた価値（超過収益力）がある、あるいは当該企業結合によって取得企業と被取得企業との間にシナジー（相乗効果）が生じると期待されていることが対価の支払いによって確認されていることを意味しています。したがって、のれんには、将来のキャッシュ・フローを生み出す能力が認められ、資産として貸借対照表に計上することが認められているわけです。

　なお、企業結合においては、被取得企業の資産及び負債の時価評価が求められます。その際に、被取得企業において認識されていなかった商標権などの無形固定資産を企業結合時の時価で認識・評価することがあります。

2.　無形固定資産の取得原価

　無形固定資産は、のれんを含め、その取得原価によって貸借対照表に計上されます。

　特許権、商標権、意匠権、実用新案権などについては、法律上の権利として登録するために特許庁に支払う諸経費等がそれらの取得原価を構成します。

　ソフトウェアも、ソフトウェアや IT システムの開発会社に支払った対価を取得原価として貸借対照表に計上されます。ソフトウェアを自社制作した場合は、制作に要した原価を資産に計上します。ただし、将来

の収益獲得や費用節減の効果が期待されない場合には、資産として計上することは認められません。この場合には、制作に要した原価は費用処理されます。

のれんは、前述の通り、パーチェス法が適用され、被取得企業の識別可能資産の時価から識別可能負債の時価を差し引いた差額を超えて対価となる現金や株式を移転した場合における当該超過額として計上されます。

3. 無形固定資産の償却

無形固定資産は、長期間にわたって使用される資産であるため、有形固定資産と同様に、その取得原価は複数の会計期間に配分されます。この手続は、無形固定資産の償却といいます。無形固定資産の取得原価を配分する期間は、有効期間といい、多くの場合、無形固定資産の根拠となる法律によって定められている存続期間に依拠しています。また、法人税法が課税所得の計算に用いる償却期間を定めていて、（有形固定資産の減価償却と同様に）会計実務に大きな影響を及ぼしています。例えば、特許権は、特許法によって存続期間が 20 年と定められていますが、実務的には、税法が定める償却期間である 8 年にわたって無形固定資産の償却を行う企業が多いと考えられます。なお、無形固定資産は、有形固定資産とは異なり、通常、残存価額はゼロとされます。償却方法は、一般に、定額法が適用されます[1]。貸借対照表においては、無形固定資産は、通常、償却後の帳簿価額をもって表示されるのみで、有形固定資産の場合とは異なり、償却累計額は表示されません。

ソフトウェアは、ベンダー（販売供給業者）などの他社を通じて導入した場合には、契約期間などに基づいて償却を行うと考えられます。自社利用目的の場合、通常は定額法によって償却が行われ、有効期間とし

1）鉱業権や市場販売目的のソフトウェアなどについては、生産高比例法が適用される場合があります。

て会計基準上は 5 年という目安が示されています。

　のれんは、被取得企業の潜在的な価値に対して支払われた対価と考えられますので、その価値がキャッシュ・フローなどの成果として現れる期間においてその取得原価を配分する会計処理が行われます。すなわち、20 年以内ののれんの効果が及ぶ期間にわたって定額法その他の合理的な方法によって償却するものとされています[2]。

　なお、無形固定資産は、のれんも含めて、減損処理の対象となりえます。有形固定資産と同様に、将来のキャッシュ・フローによって回収することができない場合には、回収可能価額まで減額されることになります。とくに企業結合によって取得した無形資産やのれんは、実際にその企業結合によってキャッシュ・フローの獲得が見込まれなくなった場合には、大きな金額の減損損失が生じる可能性があります。

●設例 8-1　ソフトウェアの取得と償却

　20X1 年 10 月 1 日に、システム投資を行い、ソフトウェア 20,000 千円を取得した。20X2 年 3 月 31 日（決算日）において計上されるソフトウェア償却費とソフトウェアの残高を求めなさい。なお、当該ソフトウェアの有効期間は 5 年であり、定額法によって償却する。

解答
　ソフトウェア償却費　　2,000 千円
　ソフトウェアの残高　　18,000 千円

　すでに説明したように、ソフトウェアは取得時において取得原価で評価され、その後、償却されていきます。取得日から決算日までの期間は 6 か月ですから、6 か月分の償却費を計上します。

---

2 ）なお、のれんの償却については、償却をしないという考え方が国際会計基準などで採用されています。

ソフトウェア償却費＝20,000 千円÷5 年×6 か月/12 か月

＝2,000 千円

したがって、ソフトウェアの 20X1 年度末における残高は、次のようになります。

ソフトウェアの残高＝20,000 千円－2,000 千円＝18,000 千円

以上の取引の仕訳を示すと、次の通りです。ソフトウェアの取得原価は、現金預金から支払われているものとします。

10/ 1 （借）ソフトウェア　　20,000　　（貸）現 金 預 金　　20,000

4/30 （借）ソフトウェア償却費　　2,000　　（貸）ソフトウェア　　2,000

なお、無形固定資産の償却に際しては、有形固定資産に係る減価償却費とは別に、「○○償却費」といった科目が用いられます。また、償却費は、特に「減価償却累計額」のような勘定は設けず、無形固定資産を表す勘定から直接控除します（直接法といいます。）。

●設例8-2　のれんの取得と償却

20X2 年 4 月 1 日に、当社は、下記の通り、A 社を吸収合併により取得した。20X2 年 4 月 1 日の企業結合日及び 20X3 年 3 月 31 日の決算日におけるのれんの残高を求めなさい。

1. 20X2 年 4 月 1 日における A 社の資産及び負債の金額（時価）は、以下の通りである（単位：千円）。

   売掛金 180,000　商品 200,000　土地 540,000　建物 320,000
   買掛金 100,000

2. A 社の取得原価　　1,400,000 千円

3. のれんは、取得日から 10 年間にわたって償却する。

解答

　　　20X2 年 4 月 1 日におけるのれんの残高　　　260,000 千円

　　　20X3 年 3 月 31 日におけるのれんの残高　　　234,000 千円

　のれんの取得原価は、次のように、被取得企業の純資産の金額と被取得企業の取得原価（A 社株式の取得原価）との差額から求められます。

　　　被取得企業の純資産の金額 = 180,000 千円 + 200,000 千円 +

　　　540,000 千円 + 320,000 千円 − 100,000 千円 = 1,140,000 千円

　　　のれん = 1,400,000 千円 − 1,140,000 千円 = 260,000 千円

以上の計算過程を図示すると、次のようになります。

被取得企業

諸資産 1,240,000 千円	諸負債 100,000 千円	取得原価 1,400,000 千円
	純資産 1,140,000 千円	
		のれん 260,000 千円

　のれんの償却額は、260,000 千円 ÷ 10 年 = 26,000 千円となりますから、20X3 年 3 月 31 日におけるのれんの残高は、次のように算定されます。

　　　のれんの残高 = 260,000 千円 − 26,000 千円 = 234,000 千円

　以上の取引の仕訳を示すと、次のようになります。A 社株式は、現金預金によって取得したものとします。

4/ 1　（借）売　　掛　　金　180,000　　（貸）買　　掛　　金　　100,000
　　　　　　商　　　　品　200,000　　　　　現　金　預　金　1,400,000

土 地		540,000
建 物		320,000
の れ ん		260,000

3/31 （借）のれん償却額　26,000　　（貸）の　れ　ん　26,000

　A 社の取得に関する仕訳においては、A 社の諸資産が借方に、諸負債が貸方に記入されます。そのうえで、貸方に、A 社の取得原価である現金預金 1,400,000 千円が記入され、A 社の純資産と A 社の取得原価との差額としてのれんが 260,000 千円計上されます。

4. 投資その他の資産

　企業は、その主たる営業活動と直接的な関連を有しない投資活動を行うことがあります。投資という用語は、様々な意味があって、広義には、将来の不確実なキャッシュ・フローを獲得することを目指して、現在の確実な消費を諦めることをいいます。この意味では、企業が保有する棚卸資産や有形固定資産・無形固定資産も、投資を目的として保有した資産です。実際、棚卸資産への投資を在庫投資、有形固定資産への投資を設備投資、ソフトウェアへの投資を IT 投資（又はシステム投資）、被取得企業への投資（商標権やのれんを含む）を M&A 投資などといいます。

　投資その他の資産という表現に含まれる「投資」という語は、企業の主たる営業活動とは直接的な関係のない投資活動を指します。例えば、主たる営業活動から得られた余剰資金を定期預金としたり、他の企業に貸し付けたり、主たる営業活動とは直接的な関係のない有価証券や不動産を購入したりする活動です。投資その他の資産には、主にこれらの活動から生じる資産が含まれます。

（1）　長期性預金及び長期貸付金

　投資その他の資産に含まれる資産の代表的なものは、長期性の金融資産です。長期性の金融資産の多くについては、流動資産に含まれる金融資産と同様の会計処理が行われます。

　長期性の金融資産として代表的なものとしては、長期性預金及び長期貸付金が挙げられます。

　定期預金などの長期性預金は、投資その他の資産に区分されますが、流動資産に分類される預金と同様、額面で評価されます。

　また、長期貸付金は、流動資産に分類される金銭債権と同様に、債権金額で評価されますが、貸倒見込額を貸倒引当金として設定する必要があります。なお、長期貸付金に係る貸倒引当金の繰入額は、損益計算書において営業外費用に区分されます。

　長期貸付金を含む金銭債権について貸倒見積高を算定するに際しては、①一般債権、②貸倒懸念債権、及び③破産更生債権等という、債権の分類が行われます。このうち、一般債権は、経営状態に重大な問題が生じていない債権です。貸倒懸念債権は、経営破綻の状態には至っていませんが、債務の弁済に重大な問題のある債務者に対する債権です。破産更生債権等は、破産法や会社更生法などが適用されるような経営破綻の状態に至った会社に対する債権です。

　このような債権の分類に従い、①一般債権については、過去の貸倒実績率に基づいて貸倒見積高を算定します（貸倒実績率法）。②貸倒懸念債権については、将来のキャッシュ・フロー（元本と利息の回収見込額）を当初の契約利子率で割り引いた額と債権金額との差額を貸倒見積高とする方法（キャッシュ・フロー見積法）、又は債権に対する担保の処分見込額や保証による回収見込額を減額してその残額について債務者の支払能力を考慮して貸倒見積高を算定する方法（財務内容評価法）が適用さ

112

れます。さらに、③破産更生債権等については、財務内容評価法が適用されますが、貸倒懸念債権の場合とは異なり、債務者の支払能力は加味されません。

（2）　子会社株式及び関連会社株式

　子会社株式及び関連会社株式は、個別財務諸表と連結財務諸表において会計処理が異なります。個別財務諸表においては、これらの株式は、関係会社株式として取得原価によって記載されます。ただし、時価が著しく下落した場合には、回復の可能性が認められる場合を除いて、時価によって評価され、簿価の切り下げ額は関係会社株式評価損として損益計算書において（通常、特別損失として）計上されます。

　連結財務諸表においては、子会社は、原則として連結の対象とされます。詳しくは後述しますが、子会社株式は、子会社の資本と相殺消去され、実質的に、子会社の資産及び負債と置き換えられることになります。また、連結財務諸表においては、関連会社株式については、持分法が適用されます。これらについては、第14章において詳しく説明します。

（3）　投資有価証券（満期保有目的の債券）

　投資その他の資産に区分される投資有価証券には、満期保有目的の債券とその他有価証券が含まれています。

　満期保有目的の債券は、企業が満期まで保有する意図をもって保有する債券（国債・地方債などの公債、社債など）です。満期保有目的の債券は、原則として債券金額で評価されます。債券金額と異なる価格で取得した場合で、債券金額との差額の性格が金利の調整と認められる場合には、償却原価法によって算定された償却原価によって評価されます。

償却原価法とは、満期において債券金額と簿価が一致するように、取得原価を徐々に増加又は減少させていく会計処理方法をいいます。簿価の増減額は、有価証券利息（収益）の調整額として処理されます。

　なお、償却原価法には、さらに定額法と利息法があります。定額法は、債券金額と取得価額との差額（利息の調整分）を満期までの期間にわたり定額で配分する方法をいいます。利息法は、帳簿価額と利息との関係（利回り）が一定となるように利息を配分する方法をいいます。

　また、満期保有目的債券の時価が著しく下落した場合には、回復する見込みがあると認められる場合を除き、時価まで評価減することが強制されます。

●設例 8-3　満期保有目的の債券の評価

　第 1 年度期首において、期間 5 年、年利率 3%（利払日毎年末）、額面 1,000,000 円の乙社社債を 913,411 円で購入した。当該社債の実効利子率は、年 5% である。満期償還は、第 6 年度期首に行われる。当社は、乙社社債を満期保有目的の債券に分類し、償却原価法（利息法）を適用する。よって、毎年度末における当該社債の貸借対照表価額を求めなさい。

解答

	第 1 年度末	第 2 年度末	第 3 年度末	第 4 年度末	第 5 年度末
貸借対照表価額	929,082	945,536	962,812	980,953	1,000,000

　毎年度の利払日に受け取る利息（キャッシュ・フロー）の金額は、1,000,000 円×0.03＝30,000 円です。この設例でいう実効利子率（r）は、次のような方程式を解くことによって求めることができます。

$$913,411 = \frac{30,000}{1+r} + \frac{30,000}{(1+r)^2} + \cdots + \frac{1,000,000 + 30,000}{(1+r)^5}$$

この設例では、実効利子率がすでに年 5% と与えられているので、期首の簿価に毎年度（1＋0.05）を乗じて毎年の利息を計算し、それから毎年のキャッシュ・フローを差し引いて償却原価を計算することになります。以上の計算を表でまとめると、次のようになります（なお、若干の端数調整が行われています。）。

	期首簿価 （A）	利息 （B＝A×0.05）	キャッシュ・ フロー（C）	期末残高 （D＝A＋B －C）
第1期	913,411	45,671	30,000	929,082
第2期	929,082	46,454	30,000	945,536
第3期	945,536	47,277	30,000	962,812
第4期	962,812	48,141	30,000	980,953
第5期	980,953	49,047	30,000	1,000,000

さらに、償却原価の変動を図示すると、次のようになります。

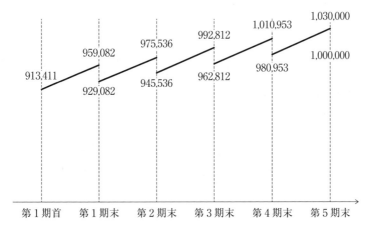

　なお、第1年度の仕訳を示すと次のようになります。1年超の満期を有する満期保有目的の債券は、貸借対照表において投資有価証券として表示するので、「投資有価証券」勘定を用いています。

取得時（借）投 資 有 価 証 券　913,411　　（貸）現 金 預 金　913,411
決算日（借）投 資 有 価 証 券　　45,671　　（貸）有価証券利息　　45,671
利払日（借）現 金 預 金　　30,000　　（貸）投資有価証券　　30,000

（4）投資有価証券（その他有価証券）

　有価証券を、売買目的有価証券（流動資産）、満期保有目的の債券、又は子会社株式もしくは関連会社株式以外に分類されるような目的で取得した場合、これは「その他有価証券」として分類され、貸借対照表においては投資有価証券に含めて表示されます。

　その他有価証券の会計処理は、例外的であって、貸借対照表においては時価をもって評価するものの、従前の帳簿価額との差額（評価差額金）は、「その他有価証券評価差額金」として（損益計算書ではなく）貸借対照表における純資産の部の「評価・換算差額等」の一項目として表示されます（このような会計処理方法を純資産直入法といいます。）。その他有価証券の時価の変動は、企業の短期的な業績として当期純利益に含めるものではないと考えられています。他方で、その他有価証券の時価は、財務諸表の利用者にとって重要な情報であり、これを貸借対照表において示すこととされています。その他有価証券の純資産直入法は、このような2つの考え方のバランスを考えた方法といわれています。

　純資産直入法では、洗い替え方式が採用されます。洗い替え方式とは、当期末において計上した評価差額金を翌期首において貸借逆の仕訳を行うことによって消去する方法です。この方式のもとでは、その他有

116

価証券が時価評価されるのは、貸借対照表日だけであり、翌期首には取得原価に戻され、期中においては取得原価によって評価されることになります。**図表8-1**では、期末（決算）において時価に評価替えされるものの、翌期首には戻し入れられ、取得原価に戻されることが示されています。また、その後の売却益が取得原価に基づいて算定されることも示されています。

なお、その他有価証券の時価が著しく下落した場合には、回復の可能性がある場合を除き、評価差額を投資有価証券評価損として損益計算書において（通常、特別損失として）記載します。

図表8-1　純資産直入法（洗い替え方式）

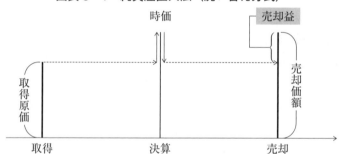

●設例8-4　その他有価証券の評価

7/15に丙社株式20株を@10,000円で購入した。12/31（決算日）において、丙社株式の時価は、@9,500円であった。丙社株式は、その他有価証券に分類する。

翌年度の2/10に、丙社株式5株を@10,600円で売却した。その後は丙社株式に係る取引はなく、12/31の決算日を迎えた。丙社株式の時価は、@10,500であった。

　　第 1 年度と第 2 年度における丙社株式の貸借対照表価額、純資産の部に計上される評価差額、及び損益計算書に計上される売却損益を求めなさい。

解答

年度	貸借対照表価額	評価差額	売却損益
第 1 期	190,000 円	10,000 円（借方）	0 円
第 2 期	157,500 円	7,500 円（貸方）	3,000 円（益）

　　各取引の仕訳は次のようになります。なお、その他有価証券も、貸借対照表において「投資有価証券」として表示しますので、ここでも「投資有価証券」勘定を用いています。

〈第 1 年度〉

7/15（借）投資有価証券　200,000　（貸）現　金　預　金　200,000

12/31（借）その他有価証券評価差額金　10,000　（貸）投資有価証券　10,000

〈第 2 年度〉

1/ 1（借）投資有価証券　10,000　（貸）その他有価証券評価差額金　10,000

2/10（借）現　金　預　金　53,000　（貸）投資有価証券　50,000

　　　　　　　　　　　　　　　　　　　　　　（貸）投資有価証券売　却　益　3,000

投資有価証券売却益＝@10,600 円×5 株−@10,000 円×5 株
＝3,000 円

12/31（借）投資有価証券　7,500　（貸）その他有価証券評価差額金　7,500

$$その他有価証券評価差額金 = @10,500 円 \times 15 株 - @10,000 円 \times 15 株$$
$$= 7,500 円$$

　その他有価証券の時価評価によって生じる評価差額は、損益ではなく、「その他有価証券評価差額金」として貸借対照表における純資産の部に表示されます。

　純資産直入法では、洗い替え方式が採用されますので、翌期首には取得原価に戻され、期中においては取得原価によって評価されることになります。

　したがって、第2年度2/10の仕訳では、その他有価証券（丙社株式5株）の売却により、取得原価と売却価額との差が売却益として計上されます。さらに、第2年度の決算では、改めて取得原価と時価との差額がその他有価証券評価差額金として計上されます。

　さらに、その他有価証券についても、期末の時価が著しく下落した場合には、その回復の見込みが明らかである場合を除き、時価まで評価減することが強制されます。例えば、[設例8-4]で残っている丙社株式15株の時価が翌第2期の決算日に@4,000円まで下落した場合には、回復する見込みがある場合を除き、次のように会計処理しなければなりません。

12/31（借）投資有価証券評価損　　90,000　　（貸）投資有価証券　　90,000

　　投資有価証券評価損＝@10,000円×15株－@4,000円×15株
　　　　　　　　　　　＝90,000円

9 │ 負債会計（総論・流動負債）

《本章のポイントと学習の目標》

- 負債とは、過去の事象に起因して、経済主体が負担する現在の債務であり、将来の経済的便益の犠牲を伴うものをいう。
- 負債は、企業の支払能力を評価するための情報を提供する観点から、流動負債と固定負債に分類される。
- 貸借対照表の流動負債の部には、買掛金、支払手形、短期借入金のほか、1年以内に取り崩される引当金が表示される。
- 多くの負債は、将来における一定の時期において金銭の支払いを行う義務を表す金銭債務である。金銭債務は、原則として、債務額をもって貸借対照表の負債の部に記載される。
- ファイナンス・リース取引によって生じたリース債務は、将来において支払うべきリース料の現在価値として算定される。リース債務は、時間の経過とともに生じる支払利息によって増加し、リース料の支払いによって減少する。
- 契約負債は、企業が顧客との契約に従って、財又はサービスを提供すべき義務を表す。契約負債は、顧客が支払うべき対価（取引価格）によって計上され、企業が財又はサービスを顧客に提供するに従って減額され、収益に振り替えられる。
- 引当金は、将来の特定の支出に対して設定される貸方項目である。引当金を設定するためには、将来の経済的便益の犠牲が特定されており、その発生の可能性が高く、金額を合理的に見積もることができなければならない。
- 流動負債の部に記載される引当金は、1年以内に取り崩される予定のものであり、その例として、賞与引当金、製品保証引当金などが挙げられる。

《キーワード》 債務、金銭債務、流動負債、引当金、リース債務、契約負債

1. 負債の意義・分類・評価

　資産については、第5章において、総論として、資産の意義・分類・評価について説明しました。負債についても、同様の議論があり、本節において説明することとします。

（1）負債の意義

　負債とは、過去の事象に起因して、経済主体が現在において負担する債務であり、将来において経済的便益の犠牲を伴うものをいいます。

　資産の定義と同様、負債の定義においても、現在において負担する債務であることが定義の中核となります。この債務は、法律的な債務であることが明確なものばかりではなく、経済主体が免れることができない経済的な負担も含まれると解されています。例えば、企業が自社の土地の上に建設した建物が廃墟のような状態になっても、これを取り壊す義務が法律上存在するのかは必ずしも明確ではありません。しかし、近隣住民等に迷惑をかけるなどして企業の評判が落ちることによるリスクを避けるためには、企業は、このような建物を取り壊す義務を実質的に有していると考えられます。

　また、現在において負担する債務は、通常、何らかの過去の事象に起因していると考えられます。しばしば、そのような原因となる事象に関連付けた会計処理が行われるため、負債の定義を考える際においても重視されます。さらに、現在における債務は、企業に将来における経済的便益の犠牲を強いることになります。例えば、現金等を支払って弁済したり、商品等の財又はサービスを提供することによって免責されたりします。

　図表9-1は、負債の定義が過去の事象に起因し、結果として将来の

経済的便益の犠牲をもたらすような現在の債務であることを図解しています。

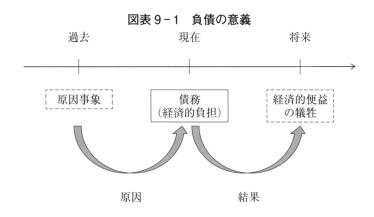

図表9−1　負債の意義

（2）　負債の分類

　負債については、まず、流動負債と固定負債の分類が行われます。

　負債を流動負債及び固定負債に分類する方法は、基本的には、資産を流動資産及び固定資産に分類する方法と同様で、正常営業循環基準及び一年基準が適用されます。

　すなわち、まず、正常営業循環基準によって、正常営業循環過程の中に存在すると認められる、買掛金、支払手形、契約負債（前受金）等は、流動負債に属するものとされます。そのうえで、残りの負債については一年基準が適用され、決済等により消滅するまでの期間が1年以内のものは流動負債とされ、1年を超えるものは固定負債とされることになります。

　このほかにも、負債は、**図表9−2**に示すように、法律的な観点から、法律上の債務とそれ以外（純会計上の負債）に分類することがありま

図表 9-2　法律的な観点からの負債の分類

```
　　　　┌法的債務┌確定債務
負債┤　　　　└条件付債務…債務性引当金
　　　　└純会計上の負債…非債務性引当金
```

す。すでに、負債の意義の項で説明した通り、会計上の負債の定義には、法律上の債務のみならず、それ以外の、企業にとって免れ得ない経済的な負担も含まれます。

　法律上の債務は、さらに確定債務と条件付債務に分類することができます。確定債務は、弁済時期以外の条件が満たされていて、弁済時期が到来すれば債務の目的とする金銭の支払いや財又はサービスの提供が強制される債務をいいます。条件付債務は、将来において一定の条件を満たすことによって確定債務となる債務をいいます。通常の金銭債務である買掛金、借入金などは、確定債務です。条件付債務の例としては、製品保証引当金が挙げられます（引当金については、後述します。）。製品保証義務は、販売した商品に一定の保証対象となる事象（故障等）が生じた場合に定められた保証サービスを提供しなければならない義務ですが、保証の対象となる事象が生じない限り、何らかの給付を行う必要はありません。

　純会計上の負債の例としては、修繕引当金が挙げられます。修繕は、建物等の固定資産に経年や使用によって不具合が生じた場合に、企業が行うことが見込まれるものではありますが、必ずしも法律的な義務となっているわけではありません。しかし、企業は、資産の状態を一定程度の水準に保つためには定期的な修繕を行う必要があります。このような修繕には、経済的便益の犠牲が伴いますので、修繕により発生する将来における経済的便益の犠牲を負債として計上することになります。

(3)　負債の評価

　負債の多くは金銭債務であり、金銭債務については、一般に債務額によって評価が行われています。債務額は、将来の現金等の支出を約束した金額です。ただし、債務額と異なる価額で金銭債務を引き受けた時は、金銭債権の場合と同様に、償却原価法によって評価した金額（償却原価）によって評価します。

　前受金や契約負債など、顧客との間で契約に基づいて引き受けた負債については、顧客からすでに受け取った対価の額（取引価格）による評価が行われます。

　なお、引当金については、その履行のために将来における経済的便益の犠牲となる額（履行原価）を見積もって貸借対照表価額とすることになります。

2.　流動負債の意義

　貸借対照表の負債の部は、通常、流動負債と固定負債に区分されます。このうち、流動負債とは、比較的短期間において決済等により消滅する負債をいいます。

　流動負債は、すでに述べたように、正常営業循環基準及び一年基準によって識別されます。したがって、流動負債には、まず、正常営業循環過程の中に存在すると認められる、買掛金、支払手形、契約負債（前受金）等が含まれます。さらに、正常営業循環過程の外に存在する負債のうち、決済等により消滅するまでの期間が 1 年以内のものも流動負債とされます。後者の例としては、短期借入金、未払金などが挙げられます。

3.　営業債務

　企業の主たる営業活動に関連して生じる営業債務（支払債務などとも

呼ばれます。）は、流動負債の区分に表示されます。具体的には、買掛金、支払手形、電子記録債務などが含まれます。

　買掛金は、企業が仕入先等から商品や原材料を購入し、その代金の支払いを後日行う場合において生じる債務です。買掛金の決済は、その時期が明確に定められていませんので、取引の当事者間で商慣行などに基づいて行われます。それに対して、支払手形や電子記録債務については、決済時期が明示されています。

　買掛金、支払手形及び電子記録債権は、金銭の支払いを目的とする金銭債務です。金銭債務の評価は債務額によることが原則ですので、貸借対照表においてこれらの金銭債務は債務額で計上されることになります。

4. その他の流動負債

　営業債務以外のその他の債務には、契約負債、未払金、短期借入金、前受収益及び未払費用などが含まれます。

　契約負債は、顧客との契約に基づいて、売主たる企業が負担する債務で、その目的は金銭の支払いではなく、財又はサービスの提供です。例えば、企業は、顧客から商品の注文を受け、手付金などの名目で現金を受け取った場合、通常、前受金とも呼ばれる契約負債を認識します。契約負債は、受け取った対価（取引価格）で計上され、企業は注文された財又はサービスを提供して契約を履行すれば、契約負債は収益に振り替えられ、損益計算書に計上されることになります。

　未払金は、主たる営業活動以外の活動から生じた未払債務です。例えば、固定資産や有価証券を購入し、その代金を後日支払う場合において、未払金が生じます。未払金は、買掛金と同様、金銭債務ですが、買掛金が主たる営業活動から反復的に生じるものであるのに対して、未払金は主たる営業活動以外の活動から非反復的に生じるものであるという

点で両者は異なります。

　短期借入金は、企業が短期的な営業資金等を調達する目的で資金を銀行等から借り入れた場合に生じる金銭債務で、支払期限が1年以内のものです。

　前受収益は、一定期間にわたり契約によって用役（サービス）の提供を行う場合において、対価をすでに受け取っているもののうち、用役の提供がまだ行われていないものをいいます。前受収益は、企業にとっては、用役の提供を目的とする債務です。これに対して、未払費用は、一定期間にわたり契約によって用役の提供を受ける場合において、用役の提供は既に受けたけれどもその対価の支払いが行われていない場合に生じる債務をいいます。前受収益と未払費用は、経過勘定項目の一種であり、翌期になると用役の提供や金銭の支払いを行うことによって消滅するものです。なお、前受収益は、顧客との契約によって生じるものと認められる場合には、先述した契約負債に該当すると判断される場合もあります。

5.　引当金

（1）　引当金の意義

　引当金は、将来の特定の経済的便益の犠牲が生じる場合において、その原因が当期以前の事象に起因するとき、費用の計上を行うことに見合って生じる貸方項目をいいます。引当金は、将来の経済的便益の犠牲を見越して、当期において費用を計上する会計処理を伴うものですが、その計上にあたっては、将来の経済的便益の犠牲について、その発生の可能性が高く、金額を合理的に見積もることができることが要件として必要となります。

　引当金の設定は、一般に、費用収益対応の原則を根拠に行われていま

126

す。財又はサービスの消費などの経済的便益の犠牲となる事象は、将来
の期間に生じますので、引当金を設定しなければ、これらの事象が生じ
た将来の期間において費用が認識されることになります。しかし、この
事象の原因となる収益が既に当期以前に生じていると考えられる場合に
は、むしろ当期以前の収益と対応させて費用を前倒しで計上するという
考え方が採用されているわけです。

　このため、引当金の設定は、利益の計算に資するために行われると考
えられており、貸借対照表において資産の部に記載するか負債の部に記
載するかという問題とは切り離されています。

　図表9-3は、引当金が、将来における経済的便益の犠牲と過去にお
ける原因事象（収益の発生など）との対応関係を根拠に設定されている
ことを図示しています。

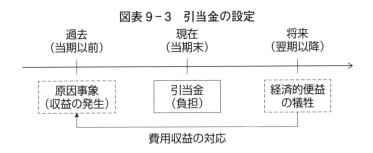

図表9-3　引当金の設定

（2）　引当金の分類

　現在の会計基準では、引当金は、資産の部に計上される評価性引当金
と負債の部に計上される負債性引当金が含まれていて、必ずしも負債に
該当するものだけに限定されるわけではない点には注意を要します。

　前者の評価性引当金の例としては、貸倒引当金が挙げられます。貸倒
引当金は、売掛金や受取手形などの債権に対して、その貸倒見積高とし

て設定されるものであり、これらの資産から間接的に控除する形式で貸借対照表の資産の部に表示されます。

　後者の負債性引当金の例としては、製品保証引当金、賞与引当金、修繕引当金、退職給付引当金、債務保証損失引当金などが挙げられます。負債性引当金は、負債の部に表示されますが、引当金で補塡すべき事象が生じるまでの期間が1年以内か否かによって、流動負債の区分に表示されるものと固定負債の区分に表示されるものとに分類されます。

（3）　負債性引当金

　すでに述べたように、負債性引当金は、引当金のうち負債の部に表示されるものをいいます。

　負債性引当金の測定に当たっては、負債の消滅のために将来の経済的便益の犠牲となる額（履行原価）を見積って貸借対照表価額とされます。このような経済的便益の犠牲が生じると、負債が消滅することになります。なお、その額を計上する期間が長期間にわたるもの（固定負債に区分される引当金）については、各期間に履行原価を配分するような会計処理が行われることもあります。

　ここでは、流動負債の区分に表示されることが多い製品保証引当金、賞与引当金、修繕引当金、債務保証損失引当金について説明します。

　製品保証引当金は、企業が販売する製品が後日故障するなどの一定の事象が生じた場合に、定められた仕様を回復するために行う修理等のために設定された引当金です。修理等が発生して経済的資源を消費するのは将来の期間ですが、すでにそれらの経済的便益の犠牲に対応する売上高等の収益が当期以前に発生しているので、引当金を設定するということになります。

　なお、現在の商慣行では、顧客に対して約束した製品の一定の機能や

仕様を維持するための保証に加えて、例えば、長期間にわたる保証や顧客の不注意によって生じた故障等の保証を行うことがあります。前者の通常の製品保証は、製品保証引当金として処理されますが、後者の特別な製品保証は、顧客に対して製品を販売した時に受け取った対価の一部を契約負債（別個の履行義務）に配分する会計処理が行われます。

●設例9-1　製品保証引当金

　当社は、20X3年度末において、同年度中に販売を開始した製品に係る売上高2,000,000千円に対して1%の製品保証引当金を設定した。

　また、20X4年度において、前年度に販売した商品の修理を行い、材料費10,000千円と労務費5,000千円を消費した。

　20X4年度末において、同年度中の製品売上高2,400,000千円に対して1%の製品保証引当金を設定した。

　20X3年度及び20X4年度における製品保証引当金繰入額を求めなさい。

解答
　　　20X3年度　20,000千円
　　　20X4年度　19,000千円

　20X3年度において初めて製品保証引当金を設定することから、同年度末における要設定額2,000,000千円×0.01＝20,000千円が同年度の引当金繰入額（費用）となります。この仕訳を示すと、次のようになります。（以下、仕訳の金額は千円単位で示します。）

（借）製品保証引当金
　　　繰　入　額　　20,000　　（貸）製品保証引当金　20,000

　20X4年度において、材料費及び労務費という経済的資源の消費が行われています。引当金を設定していなければ、これらは20X4年度における費用となります。しかし、引当金を設定している場合には、これらの経済的資源の消費を引当金で塡補します。ここでは、材料費及び労務費が計上されていることを前提に、これらを引当金で塡補する仕訳を示しています。

（借）製品保証引当金　15,000　　（貸）材　料　費　10,000
　　　　　　　　　　　　　　　　　　　労　務　費　　5,000

　20X4年度末においては、製品保証引当金の残高が20,000千円−15,000千円＝5,000千円となっていることから、要設定額2,400,000千円×0.01＝24,000千円に対して、繰入額（追加的な費用認識額）は19,000千円となります。

（借）製品保証引当金
　　　繰　入　額　　19,000　　（貸）製品保証引当金　19,000

　賞与引当金は、企業が従業員に対して将来支払うべき賞与に対して設定された引当金です。賞与の支払いは将来の期間であっても、その原因となる労働用役の提供を当期中に既に受けていることから、当期中の労働用役の享受と将来の賞与の支払いとの対応関係を重視して、引当金が設定されます。なお、賞与引当金が設定されるのは、支払額が確定していない場合で、確定している場合には通常の未払金と同様の未払賞与が負債として計上されます。また、特に役員賞与に対して設定された引当

金は、役員賞与引当金といいます。役員賞与の支払いは、通常、株主総会の議決を要するので、当期の貸借対照表日現在において債務として確定していないと考えられます。

修繕引当金は、企業が建物や機械等の有形固定資産を使用する場合において、定期的に行われる修繕に要する経済的資源の消費に対して設定される引当金です。すでに述べたように、修繕という行為自体は、契約等によって義務付けられているものではないので、厳密には法律的な債務ではないと考えられています。しかし、企業が安定的な経営を継続していくためには、有形固定資産の状態を良好に保っていくことは重要であり、通常、このような修繕を免れることはできないと考えられています。このため、会計上は、修繕引当金を負債として計上し、適切な費用（修繕引当金繰入額）を早期に認識することが求められています。なお、より長期的なサイクルで行われる特別修繕に対しては、別途、「特別修繕引当金」が設定されることがあります。特別修繕引当金は、通常、固定負債の区分に表示されます。

債務保証損失引当金は、企業が行った債務保証によって生じる損失に対して設定された引当金です。企業は、主たる債務者の債務に対して債務保証を行うことがあります。債務保証の契約では、主たる債務者が支払い不能となった場合、保証人は主たる債務者に代わって債務の代位弁済を行わなければならなくなります。しかし、保証人が実際に代位弁済を行って損失を被るかどうかは、債務保証を行う時点では分かりませんので、通常は、偶発債務として捉えられ、（注記を要するものの）保証料等の受取りがない限り特段の会計処理を要さないものとされています。しかし、損失が発生する可能性が高くなると、その額を見積もって債務保証損失引当金を設定しなければならないものとされています。

10 │ 負債会計（固定負債）

《本章のポイントと学習の目標》
- 貸借対照表の固定負債の部には、長期借入金、社債のほか、退職給付引当金などのように1年を超えて取り崩される引当金が表示される。
- 長期借入金や社債は、原則として、その債務額で貸借対照表において固定負債の部に計上される。なお、支払期日まで1年以内の長期借入金や社債は、流動負債として表示する。
- 社債を社債金額（債務額）と異なる金額で発行した場合には、当該社債は償却原価法を用いて評価する。償却原価法では、社債利息を実効利子率によって算定するとともに、社債の帳簿価額を調整する。
- 資産除去債務は、資産の除去を行う時点において見積られる支出を一定の割引率によって割り引いた金額で計上する。資産除去債務に見合う原価は、有形固定資産の帳簿価額に加算され、減価償却の手続により期間配分される。
- 退職給付引当金は、原則として、退職給付債務から年金資産を控除した額によって算定する。退職給付債務は、退職時点における退職給付見込額のうち従業員がすでに勤務することによって発生したと見込まれる額を一定の割引率で割り引いた現在価値として算定する。割引率は、無リスク利子率による。また、年金資産は、時価によって評価する。

《キーワード》 固定負債、社債、償却原価法、資産除去債務、退職給付引当金、退職給付費用

1. 固定負債の意義

　固定負債は、支払い又は消滅までの期間が1年を超える予定の負債です。

　固定負債の多くは、企業の長期的な資金調達を目的とする金銭債務であり、長期借入金、社債などが含まれます。その他にも、資産除去債務といった、金銭の支払いではなく、資産の除去という行為を目的とする債務もあります。さらに、支払い又は消滅までの期間が1年を超える引当金である、退職給付引当金、特別修繕引当金なども含まれます。

　以下では、代表的な固定負債である、長期借入金、社債、資産除去債務、退職給付引当金を取り上げます。なお、特別修繕引当金は、前章における修繕引当金の箇所で説明しています。

2. 長期借入金

　固定負債の代表的なものとして、銀行等の金融機関から長期的な資金として借り入れた長期借入金が挙げられます。長期借入金は、返済期日までの期間が1年を超える借入金です。企業は、長期借入金によって借り入れた資金を有形固定資産の取得、企業の買収などの長期的な事業活動に投下します。長期借入金については、通常、債務者たる企業は一定の利払日において、定められた利息（金利）を金銭にて支払います。

　企業は、長期借入金によって借り入れを行った場合、現金預金の増加とともに長期借入金という負債の増加を認識します。利払日において金利を支払った場合、現金預金の減少とともに、その支払額は支払利息として損益計算書の営業外費用の区分に表示されます。長期借入金は、貸借対照表において、通常、債務額で計上されます。借入金の返済を行う場合には、現金預金の減少とともに、返済額を長期借入金の減少として処理します。

　なお、長期借入金は、貸借対照表における固定負債の区分に表示されますが、長期借入金であっても、返済の期限までが 1 年以内に迫ってきたものについては、貸借対照表における流動負債の区分に表示します。この場合、「1 年内返済予定の長期借入金」といった科目で表示されます。

3．リース債務

　すでに第 7 章第 5 節において説明したように、企業は、ファイナンス・リース取引によって、実質的に資金調達を行い、有形固定資産を取得することがあります。このような場合、企業は、貸借対照表において、有形固定資産（リース資産）とともにリース債務を計上します。

　リース債務は、支払いまでの期間が 1 年以内のものであれば流動負債に、1 年を超えるものであれば固定負債の区分に表示されます。リース債務に対しては、時の経過に伴って支払利息が生じます。また、リース料の支払いは、費用として処理するのではなく、実質的にリース債務の返済に充当されます。

4．社債

　社債は、不特定多数の債権者に対して有価証券を発行し、資金を調達する場合に生じる金銭債務です。社債は、株式と同様、不特定多数の者に対して発行される有価証券ですが、株式が原則として返済を要さず、発行企業の資本を増加させるのに対して、社債は原則として返済を要し、発行企業の負債を増加させる点で異なります。

　社債は、有価証券を社債権者となる者に発行し、金銭が払い込まれることによって、負債として生じます。社債についても、通常、一定の金利を利払日において支払います。さらに、一定の期限（償還期限）が到来すれば、社債金額を金銭で弁済し、社債を償還します。

社債の会計処理は、基本的には、長期借入金と同様です。社債を発行して資金を調達した時点において、社債の発行企業は、現金預金の増加とともに、「社債」という負債の増加を認識します。社債に対しても、一定の利払日に利息を支払いますが、この利息は通常の支払利息と区別するために、「社債利息」という費用として認識します。社債利息は、通常、損益計算書の営業外費用として表示されます。最終的に社債を償還する時点においては、現金預金の減少とともに負債の減少を認識します。

貸借対照表日（決算日）において社債が未償還である場合には、社債を負債として貸借対照表における固定負債の区分に表示します。ただし、償還日まで1年以内のものについては、貸借対照表における流動負債の区分に、「1年内償還予定の社債」といった科目で表示します。社債の貸借対照表価額は、原則として償還日において支払うべき金額である社債金額となります。

例えば、当社が、20X1年度期首に額面総額10,000,000円の社債を、期間5年（償還日20X5年度期末）、年利率3%、発行価額@100円で発行したものとします（なお、発行価額の@は、100円あたりという意味です。）。

発行時においては、「社債」という負債を計上します。仕訳で示すと、次のようになります。なお、決済は、すべて現金預金によるものとします。

（借）現 金 預 金 10,000,000 　　（貸）社 　　 債 10,000,000

その後、利払日において10,000,000円×0.03＝300,000円の社債利息を支払います。この仕訳は、次の通りです。

（借）社 債 利 息 300,000 　　（貸）現 金 預 金 300,000

その後は償還期間までに、社債利息の支払いが行われていきますが、5年後の償還時において、社債の元本と利息の両方が支払われます。

　　（借）社 債 利 息　　300,000　　　（貸）現 金 預 金 10,300,000
　　　　　社　　　　債 10,000,000

　ただし、現在の市場金利の状況を前提として、社債を発行しようとする企業の信用状態や設定する社債の利率によって、社債を社債金額よりも低い価額又は高い価額で社債を発行することがあります。このような場合、社債は、発行時点での発行価額で評価され、その後、時の経過とともに社債金額へと調整していくことになります。同時に、毎年の社債利息の金額も調整されることになります。このような会計処理は、償却原価法と呼ばれ、調整後の社債の帳簿価額は、償却原価によって評価されることになります。

　なお、償却原価法に、さらに定額法と利息法があることは、満期保有目的の債券（資産側）の会計処理と同様です。

●設例 10 - 1　社債の発行と償還

　当社は、20X1 年度期首に額面総額 10,000,000 円の社債を、期間 5 年（償還日 20X5 年度期末）、年利率 3%、発行価額 @98 円で発行した。よって、償還までの期間における社債の貸借対照表価額、社債利息の金額を求めなさい。なお、償却原価法を適用するが、定額法による場合と利息法による場合（実効利子率 3.44224%）の 2 通りの場合に分けて解答すること。

解答

	(1)定額法による場合		(2)利息法による場合	
	社債	社債利息	社債	社債利息
20X1 年度	9,840,000 円	340,000 円	9,837,340 円	337,340 円
20X2 年度	9,880,000 円	340,000 円	9,875,965 円	338,625 円
20X3 年度	9,920,000 円	340,000 円	9,915,919 円	339,954 円
20X4 年度	9,960,000 円	340,000 円	9,957,249 円	341,330 円
20X5 年度	0 円	340,000 円	0 円	342,751 円

（なお、20X5 年度は、端数調整を含む）

　定額法による場合、社債発行差額 10,000,000 円 ×(100 円 − 98 円)/100 円 = 200,000 円は、各年度に次のように配分されます。

　　　各年度に配分される社債発行差額 = 200,000 円 ÷ 5 年 = 40,000 円

　各年度における表面利子率から計算されるクーポン利息は、10,000,000 円 × 0.03 = 300,000 円ですので、社債利息の総額は、次のようになります。

　　　社債利息 = 300,000 円 + 40,000 円 = 340,000 円

　発行時、20X1 年度末、20X5 年度末における仕訳を示すと、次の通りです。

発行時	（借）現 金 預 金	9,800,000	（貸）社 　　　債	9,800,000
20X1 末	（借）社 債 利 息	340,000	（貸）現 金 預 金	300,000
			社 　　　債	40,000
20X5 末	（借）社 債 利 息	340,000	（貸）現 金 預 金	300,000
			社 　　　債	40,000
	（借）社 　　　債	10,000,000	（貸）現 金 預 金	10,000,000

　他方、利息法の適用にあたっては、次の算式を満たす r を求める必要があります。

$$9,800,000 = \frac{300,000}{1+r} + \frac{300,000}{(1+r)^2} + \cdots + \frac{10,300,000}{(1+r)^5}$$

　これを求めると、$r = 3.44224\%$ となります。その結果、例えば、20X1 年度及び 20X2 年度に期間配分される利息の額（社債の帳簿価額に加算される額）は、次のように計算されます。

　　　利息の期間配分額（20X1 年度）= 9,800,000 × 0.0344224 − 300,000

　　　　　　　　　　　　　　　　　≒ 37,340

　　　利息の期間配分額（20X2 年度）= (9,800,000 + 37,340) × 0.0344224

　　　　　　　　　　　　　　　　　− 300,000 ≒ 38,625

　発行時、20X1 年度末、20X5 年度末における仕訳を示すと、次の通りです。

発行時	（借）現 金 預 金	9,800,000	（貸）社	債	9,800,000		
20X1 末	（借）社 債 利 息	337,340	（貸）現 金 預 金		300,000		
			社	債	37,340		
20X5 末	（借）社 債 利 息	342,751	（貸）現 金 預 金		300,000		
			社	債	42,751		
	（借）社 債	10,000,000	（貸）現 金 預 金		10,000,000		

5.　資産除去債務

　企業は、建物等の有形固定資産を利用する場合において、最終的な除去を行う義務を実質的に負担していると考えられます。とくに宿泊施設や工場設備などについては、これらの資産を除去して建設前の状態に原状回復することが求められます。

　企業は、このような資産の除去に関する義務を「資産除去債務」として貸借対照表の固定負債の区分に計上します。資産除去債務の貸借対照表価額は、資産の除去を行う時点において見積もられる資産除去支出を一定の割引率で割り引いた割引現在価値によって算定します。

　計上された資産除去債務に見合う原価は、有形固定資産の帳簿価額に加算されます。その後、有形固定資産の使用に伴って、減価償却が行われていきますが、資産除去債務に見合う原価は、減価償却費の一部として耐用年数を表す期間にわたって配分されていくことになります。また、資産除去債務も、時の経過とともに、割引率によって割り引いた分だけ、逆に増加していくことになります。最終的に、資産除去時点においては、当初見積もられた資産除去支出の額に一致することになりま

図表 10-1　資産除去債務と資産除去費用

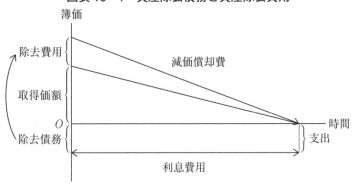

す。このような時の経過に伴う債務の増加額は、利息費用と呼ばれ、損益計算書においては減価償却費が表示される区分と同一の区分（通常は、製造原価、販売費及び一般管理費など）に表示されます。

　このような資産除去債務及び資産除去費用の関係を図示すると、**図表10-1**のようになります。横軸は時間を表し、縦軸の原点より上の領域に資産の簿価、下の領域に負債の簿価を表します。将来の除去時点において見積もられる支出が取得現在の時点まで割り引かれ、その額が除去債務として示されています。さらに、除去債務と同額の除去費用が資産の簿価に加算され、減価償却を通じて費用配分されていく様子が示されています。同時に、除去債務は、利息費用の計上とともに増加し、支出額に戻されていく様子も示されています。

　なお、資産の除去によって、資産除去債務が消滅しますが、債務の履行に伴って差額が生じる場合、当該差額は「履行差額」として認識されます。履行差額も、損益計算書において減価償却費が表示される区分と同一の区分に表示されます。

●設例 10 - 2　資産除去債務

　以下の資料に基づいて、X1 年度及び X2 年度における減価償却費と利息費用、並びに X5 年度期末の資産除去から生じる履行差額を求めなさい。

1. X1 年度期首（X1 年 4 月 1 日）において、建物 5,000,000 円を購入し、代金は普通預金から支払った。当該建物の耐用年数は 5 年と見積もった。また、耐用年数経過時点における資産除去に係る支出を 1,000,000 円と見積もり、資産除去債務を計上する。資産除去債務の見積りに際しては、割引率を年 4% とする。

2. X1 年度期末（X2 年 3 月 31 日）の決算において、建物について、耐用年数 5 年、残存価額ゼロ、定額法による減価償却を行う。また、資産除去債務について、時の経過に伴って生じる利息費用を計上する。

3. X2 年度期末（X2 年 3 月 31 日）の決算において、減価償却費と利息費用を計上する。

4. X5 年度期末（X6 年 3 月 31 日）において、建物の除去を行う。実際に生じた資産除去に係る支出は 980,000 円であり、現金預金から支払った。

解答

X1 年度	減価償却費 1,164,385 円、利息費用 32,877 円
X2 年度	減価償却費 1,164,385 円、利息費用 34,192 円
X5 年度	履行差額 20,000 円（差益）

　それぞれの時点における仕訳を示すと、次の通りです。

1. （借）建　　　　物　5,821,927　（貸）普 通 預 金　5,000,000

		資 産 除 去 債 務	821,927

2. （借）減 価 償 却 費　1,164,385　（貸）建物減価償却累計額　1,164,385

　　（借）利 息 費 用　　32,877　（貸）資 産 除 去 債 務　　32,877

3. （借）減 価 償 却 費　1,164,385　（貸）建物減価償却累計額　1,164,385

　　（借）利 息 費 用　　34,192　（貸）資 産 除 去 債 務　　34,192

4. （借）建物減価償却累計額　5,821,927　（貸）建　　　　物　5,821,927

　　（借）資 産 除 去 債 務　1,000,000　（貸）現 金 預 金　　980,000

		履 行 差 額	20,000

　1の建物の取得時点における資産除去債務は、次のように算定されます。

$$資産除去債務 = \frac{1,000,000}{(1+0.04)^5} ≒ 821,927 \ 円$$

　2の決算日において、建物の減価償却費、資産除去債務に係る利息費用は、次のように計算されます。

　　　減価償却費＝5,821,927 円÷5 年≒1,164,385 円

　　　利息費用＝821,927 円×0.04≒32,877 円

　3の決算日において、資産除去債務に係る利息費用は、次のように計算されます。

　　　利息費用＝(821,927 円＋32,877 円)×0.04≒34,192 円

　4の資産除去時においては、帳簿上においても、償却済みの建物及びその減価償却累計額を取り除く処理を行います。さらに、資産除去債務は、見積額 1,000,000 円に達しているので、これを消去するとともに、実際の支出額との差額は、履行差額として計上します。

6. 退職給付引当金

　退職給付引当金は、企業が従業員に対して退職給付を支給することを約束している場合において設定される引当金です。

　企業が支給する退職給付には、多くの場合、退職時点において一時的に支給される退職一時金と退職後において一定期間ごとに支給される退職年金の2種類があります。いずれも、企業は、その支払いを約束していますので、その支払義務を負債として認識する必要があります。

　ただし、退職年金には、大別すると、確定給付型と確定拠出型の2つがあります。退職年金の制度においては、企業は、あらかじめ年金給付に備えて、外部の年金基金に対して掛金（拠出額）を支払い、年金基金はこの掛金をプールした年金資産を運用していきます。したがって、企業が拠出する掛金と従業員に支給する年金給付の関係は、年金資産の運用状況に依存することになります。

　確定給付型の退職年金では、将来に従業員に対して支給する年金給付額を確定させ、そのために必要な掛金を決めるという仕組みになっていますので、企業が負担すべき掛金が変動します。他方、確定拠出型の退職年金では、企業が負担する掛金は一定となりますが、従業員が将来受け取る年金給付額が変動します。このように、確定給付型では年金資産の運用リスクを企業が負担するのに対して、確定拠出型では運用リスクを従業員が負担するという点で大きな違いがあります。

　このような違いは、企業が行う退職年金の会計処理に大きな影響を及ぼします。確定拠出型の場合、企業が拠出する掛金を費用として処理すれば足りますが、確定給付型の場合、企業にとっての費用は必ずしも掛金の額と同一とはなりません。

　退職給付引当金の設定に当たっては、まず、従業員が退職する時点で

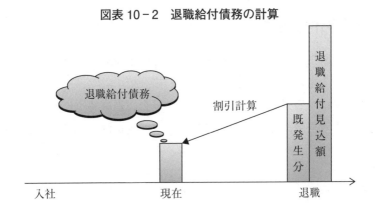

図表 10－2　退職給付債務の計算

期待される退職給付見込額を算定します。この額には、上述した退職一時金と退職年金の両方の拠出額が含まれます（とくに退職年金は、予想される支給期間に支給する年金給付を退職時点の価値として算定します。）。この退職給付見込額は、従業員が退職時点まで勤務した場合に受け取ることができる金額ですので、現在時点での退職給付債務を算定するためには、退職給付見込額のうち、それぞれの従業員の勤務年数に応じた額を見積って、それを現在価値まで割り引く必要があります。

　以上のような退職給付債務の計算を図示したものが、**図表 10－2** です。退職給付見込額のうち、一定期間の勤務によってすでに発生した分を現在時点まで割り引くことによって退職給付債務が算定されることが分かります。

　さらに、企業は、この退職給付債務を弁済するために、年金資産を積み立てていますので、その時価は、退職給付引当金の算定に当たって、退職給付債務から控除する必要があります。したがって、退職給付引当金は、次のように、退職給付債務から年金資産を差し引いて算定されます。

図表 10 - 3　退職給付引当金

$$退職給付引当金＝退職給付債務－年金資産$$

　この関係を図示すると、次の**図表 10 - 3**のようになります。仮想的な退職給付引当金勘定を設定して考えてみると、退職給付債務が年金資産を上回る額が退職給付引当金として計上されることを示しています。

　この退職給付引当金は、各年度において変動します。まず、従業員が1年間勤務することによって勤務費用が発生し、これは退職給付債務を増加させます。また、退職給付債務は、現在価値として算定されていますので、1年間経過すると、利息費用が生じます。他方において、年金資産には運用収益（実務では、事前に期待される期待運用収益が用いられます。）が発生し、年金資産はその分だけ増加します。なお、企業が退職年金の掛金を支払った場合には年金資産が増加し、年金資産から退職給付を従業員に支給した場合には年金資産とともに退職給付債務も減少

図表 10 - 4　退職給付費用

しますが、これらの取引は企業の損益には影響を及ぼしません。以上から、各年度における退職給付費用が次のように算定されます。

退職給付費用＝勤務費用＋利息費用－期待運用収益

以上の退職給付費用の計算を図示したのが、**図表10-4**になります。退職給付費用が、勤務費用に利息費用を加え、その合計額から期待運用収益を減じることによって得られることが示されています。

退職給付費用は、退職給付引当金の残高を増加させます。退職給付引当金は、企業が従業員に対して退職一時金を支払い、又は退職年金のための掛金を支払った時に減少します。

●設例10-3　退職給付会計

1. X1年度の期首において、退職給付債務が500,000千円、年金資産が300,000千円あった。割引率は年2%、期待運用収益率は年3%であった。
2. X1年度中において、年金資産に30,000千円を拠出した。
3. X1年度中において、退職者に年金給付40,000千円を年金資産から支払った。
4. X1年度の期末において、勤務費用28,000千円を計上した。また、利息費用及び期待運用収益を計上する。

以上より、X1年度における退職給付費用とX1年度期末における退職給付引当金の残高を求めなさい。

解答

　　X1年度における退職給付費用　　29,000千円

　　X1年度期末における退職給付引当金の残高　　199,000千円

まず、1から、期首の退職給付引当金は、500,000千円－300,000千円

＝200,000 千円であることが分かります。

　2 において、年金資産が 30,000 千円増加したため、退職給付引当金が 30,000 千円減少します。

　　（借）退職給付引当金　　30,000　　　（貸）現　金　預　金　　30,000

　3 において、退職給付債務と年金資産がそれぞれ 40,000 千円減少しましたが、退職給付引当金に変動は生じません。

　4 において、勤務費用 28,000 千円の他に、利息費用 10,000 千円（＝ 500,000 千円×0.02）及び期待運用収益 9,000 千円（＝300,000 千円×0.03）が生じています。その結果、退職給付費用は、次のように計算されます。

　　　　退職給付費用＝勤務費用 28,000 千円＋利息費用 10,000 千円
　　　　　　　　　　　－期待運用収益 9,000 千円
　　　　　　　　　　＝29,000 千円

　　（借）退　職　給　付　費　用　　29,000　　　（貸）退職給付引当金　　29,000

　この結果、損益計算書には退職給付費用が 29,000 千円、貸借対照表には退職給付引当金が 199,000 千円（＝200,000 千円－30,000 千円＋29,000 千円）表示されます。

　貸借対照表と損益計算書に計上される各項目の関連を示すと、次のようになります（単位：千円）。なお、金額に付した（　）は、貸方金額を表します。

| | 期首残高 | 期中変動 | | 期末残高 |
		キャッシュ・フロー	退職給付費用	
退職給付債務	(500,000)	給付　　　40,000	勤務費用（28,000） 利息費用（10,000）	(498,000)
年金資産	300,000	拠出　　　30,000 給付　　（40,000）	運用収益　9,000	299,000
退職給付引当金	(200,000)	30,000	（29,000）	(199,000)

11 | 資本会計

《本章のポイントと学習の目標》
- 資産から負債を控除した差額を純資産という。
- 純資産のうち、株主に帰属する部分を株主資本という。純資産のうち株主資本以外の項目には、評価・換算差額等、株式引受権及び新株予約権がある。
- 企業活動による成果として利益を算定するためには、資本取引と損益取引を区別しなければならない。
- 株主資本は、資本金、資本剰余金及び利益剰余金から構成される。資本金と資本剰余金は、株主から出資された拠出資本を表し、利益剰余金は、企業が稼得した利益の留保額である。
- 企業が自己株式を保有する場合、自己株式は、株主資本から控除する形式で表示する。
- その他有価証券に係る評価差額金は、評価・換算差額等として、純資産の部において、株主資本から区別される形式で表示する。
- 株式引受権及び新株予約権は、純資産の部において、株主資本とは区別される形式で表示する。

《キーワード》 純資産、株主資本、評価・換算差額等、資本取引と損益取引、資本金、資本剰余金、利益剰余金、自己株式、株式引受権、新株予約権

1. 純資産と株主資本

　会計学において資本は、様々な意味をもって用いられています。英語でいう capital という意味において、「資本」は、企業活動によって利益

（income）を生み出す源泉という意味をもっています。資本と利益というように、資本が利益と一対の意味で用いられる場合、通常、資本が一定時点のストックを意味し、利益は一定期間のフローを意味します。capitalize という英語（動詞）は、「資本化する」などと訳されますが、フローをストック化するという意味です。例えば、研究開発に係る投資は、無形資産として資本化、すなわちストック化されることがある、などと表現されます。

　これに対して、資産から負債を控除した差額は、積極財産から消極財産を控除した正味の財産という意味で、純資産（net assets）と呼ばれています。この純資産はまた、企業の所有者に帰属する正味の持分（equity）を意味します。伝統的に、この持分とも表現されるべき概念もまた、「資本」と呼ばれてきました。この意味で、資本は、次のように表現されるべきものです。

　　　資産－負債＝純資産＝資本

　この等式は、資本等式と呼ばれていますが、この式の前提は、負債と資本が明確に区別されるということです。確かに、負債は企業が債権者に対して金銭等を弁済する義務を表し、資本は企業が弁済を要しない株主に対する持分を表しています。しかし、株式会社制度の発展に伴って、（株式という権利を有する）株主以外にも、株式と類似した性格を有する権利を有する者が増えてきて、負債と資本の区分が曖昧になってきました。例えば、株式会社の場合、新株予約権の保有者は、株主ではありませんが、金銭等による弁済を受ける債権者としての立場を有する者でもありません。したがって、新株予約権の保有者は、債権者でも株主でもないという立場にあり、彼らの請求権（claim）を負債とするのか資本とするのかが困難となりました。

　現在の企業会計では、株式会社の株主に帰属する持分は、株主資本と

して表示することとされています。このため、純資産の中に株主資本が包含され、新株予約権保有者の請求権は、新株予約権として純資産の中の株主資本以外の項目として表示することとされています。

　また、株主資本には、当期純利益との強い連繋が求められています。株主との取引である出資や配当を除けば、株主資本は当期純利益（又は当期純損失）を計上することによってのみ増加（減少）します。すなわち、出資や配当を除けば、次のように表現されます。

　　　　株主資本の期末残高＝株主資本の期首残高＋当期純利益

　しかしながら、現在の企業会計では、資産又は負債が増減し、さらに純資産が増減したにもかかわらず、当期純利益に影響しないという会計処理が部分的に行われています。すでに述べた、その他有価証券の時価が変動した場合において「その他有価証券評価差額金」を計上する会計処理がそのような会計処理の典型例となります。このような会計処理は、損益計算書を経由しないで純資産が増減することから、純資産直入処理と呼ばれています。

　純資産直入処理が行われた項目は、評価・換算差額等として、純資産の部における株主資本以外の項目として表示されます。逆にいえば、このような表示を行うことによって、株主資本には、当期純利益として計上されたもののみが表示され、貸借対照表における株主資本と損益計算書における当期純利益が密接に連繋することとなります。

　図表 11-1 は、当期純利益（又は当期純損失）が損益計算書に表示され、かつ、貸借対照表において株主資本を増加（又は減少）させるのに対して、その他有価証券の時価変動は、損益計算書には表示されず、貸借対照表においてのみ評価・換算差額等を増減させることを表しています。

図表 11 - 1　純資産の増減要因と損益計算書・貸借対照表（その 1）

純資産の増減要因	損益計算書	貸借対照表
当期純利益（当期純損失）	表示される	株主資本が増加（減少）する
その他有価証券の時価変動	表示されない	評価・換算差額等が増減する

2.　資本取引と損益取引

　すでに述べたように、基本的に、株主資本は、当期純利益（又は当期純損失）の計上によってのみ増加（減少）するものでありますが、出資及び分配といった、株主との取引によっても増減します。

　株主からの出資（contributions）は、株式の新規発行等によって行われ、株主資本を増加させます。また、株主への分配（distributions）は、一般に各年度における配当として行われ、株主資本を減少させます。

　株主からの出資と株主への分配を含めた、各会計期間における株主資本の増減を示すと、次のようになります。

　　　株主資本の期末残高＝株主資本の期首残高＋当期純利益

　　　　　　　　　　　　＋株主からの出資－株主への分配

　しかし、株主からの出資と株主への分配は、企業活動の成果として当期純利益を構成するものではありません。株主からの出資と株主への分配となる取引と当期純利益を構成する収益及び費用をもたらす取引とは、当期純利益を企業活動の成果として算定するためには、明確に区別する必要があります。このような観点から、当期純利益を構成する収益及び費用をもたらす取引は損益取引と呼ばれ、株主との取引（出資及び分配）は資本取引と呼ばれています。

　企業会計において、資本取引と損益取引を区別することは、当期純利益を企業活動の成果として正しく算定するために重要な原則となってい

図表11−2　純資産の増減要因と損益計算書・貸借対照表（その2）

純資産の増減要因	損益計算書	貸借対照表への影響	
当期純利益	表示される	利益剰余金	株主資本
株主からの出資	表示されない	資本金又は資本剰余金	
株主への分配	表示されない	利益剰余金（又は資本剰余金）	
その他有価証券の時価変動	表示されない	その他有価証券評価差額金	評価・換算差額等

　ます。例えば、株主からの出資を収益としたり、株主への配当を費用としたりすると、当期純利益が企業活動を正しく表現しないことになります。株主総会の承認を要する役員賞与の支払いは、かつては損益取引とはされずに、配当と同様に株主資本（利益剰余金）から直接控除されていましたが、現在では、損益取引として損益計算書における費用として計上されています。役員賞与は、企業活動の成果を獲得する過程において消費される役員による労働サービスであるからです。

　株主からの出資と株主への分配を含めて、図表11−1をアップデートすると、図表11−2のようになります。株主からの出資は、後述するように、資本金又は資本剰余金を増加させ、株主への分配は、利益剰余金（又は資本剰余金）を減少[1]させます。

3. 純資産の部の表示

　現在の純資産の部の表示は、会社法及び企業会計基準によって、次のように定められています。

1）後述するように、配当は、一般的には利益剰余金を財源として行われるものですが、資本剰余金を財源として行われることもあります。また、自己株式の消却等によって、株主への分配を行うこともありますが、その場合には資本剰余金が減少します。

純資産の部

株主資本

　　資本金　　　　　　　　　　　　　　　　　　　×××

　　資本剰余金（資本準備金、その他資本剰余金）　×××

　　利益剰余金（利益準備金、その他利益剰余金）　×××

　　自己株式　　　　　　　　　　　　　　　　　△×××

　　株主資本合計　　　　　　　　　　　　　　　　×××

評価・換算差額等（その他有価証券評価差額金）　　×××

株式引受権　　　　　　　　　　　　　　　　　　　×××

新株予約権　　　　　　　　　　　　　　　　　　　×××

純資産合計　　　　　　　　　　　　　　　　　　　×××

このような純資産の部の表示は、次のような考え方に基づいています。

- 純資産の部は、株主資本と株主資本以外の各項目に区分する。株主資本以外の各項目には、評価・換算差額等と株式引受権及び新株予約権が含まれる。
- 株主資本は、株主からの拠出資本（資本金及び資本剰余金）と企業活動の成果を累積した留保利益（利益剰余金）に区分する。
- 資本剰余金を会社法が定める資本準備金とその他資本剰余金に区分する。また、利益剰余金を会社法が定める利益準備金とその他利益剰余金に区分する。
- 自己株式は、株主資本の区分において、間接的な控除項目として表示する。

　企業会計においては、株主資本を株主からの拠出資本と企業活動の成果を累積した留保利益に区分する考え方が採られてきました。とくに配

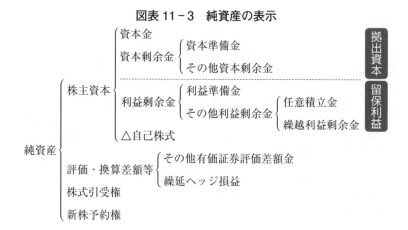

図表 11-3　純資産の表示

当等の企業活動の成果の分配を行うときに、拠出資本はできるだけ企業内に維持し、配当は留保利益を源泉として行うことが望ましいと考えられてきており、そのためには拠出資本と留保利益の区分が<u>重要である</u>とされてきました。現行の会計基準においても、拠出資本を構成する資本剰余金と留保利益である利益剰余金を混同してはならないと定められています。

　株式会社の純資産の部は、会社法によって規制されています。とくに配当等の分配を行うに際しては、それが株主と債権者との利害関係に影響を及ぼすと考えられています。会社法は、資本金と準備金（資本準備金と利益準備金からなる）の額を定めて、原則として、会社の純資産が資本金と準備金の合計額（並びに株式引受権、新株予約権、その他有価証券評価差額金（正の場合のみ）等を含む）を超過する額を分配可能額と定めています。

　図表 11-3 は、純資産の表示を支える考え方を示しています。会計学上の拠出資本と留保利益を区分するという考え方に基づいているととも

に、会社法上の資本金・準備金と剰余金とを区別する考え方にも配慮していることが示されています。

4.　資本金と資本剰余金

　株主からの拠出資本は、株主からの出資の累計額から拠出資本を財源として行われる株主への分配の累計額を控除した残高であり、貸借対照表において資本金と資本剰余金として表示されます。資本金は、株式を発行したときに株主から払い込まれた額のうち会社が定めた額をいい、資本剰余金は、拠出資本のうち資本金とされない額をいいます。

　株主からの出資は、主に株式を発行することによって行われます。会社は、株主となる者に対して株式と呼ばれる権利を付与し、株主となる者は金銭の払込み（又は金銭以外の財産の給付）を会社に対して行います。

　例えば、株式会社たる企業が株式を発行し、金銭の払込みを受けた場合、現金預金等の資産が増加するとともに、株主資本が増加します。増加する株主資本は、会社法の定めに従い、資本金又は資本準備金として計上されます。会社法の定めによると、原則として、払込額の全額を資本金として計上するものとされますが、その2分の1を超えない額は資本金として計上しないことができるとされています。資本金として計上されない額は、資本準備金として計上されることになります。

　なお、出資された金銭等の財産は、その後、様々な企業活動に投下されていくことになりますので、何らかの資産に変わり、あるいは費用として消費されていきます。したがって、資本金又は資本準備金として計上された額は、具体的な財産的形態を有するようなものではなく、会社法の定める計数にすぎません。

　資本金及び資本準備金は、会社法に定める債権者を保護するための手

続を経ることによって、減少させることができます。資本金及び資本準備金を減少させた場合、その分だけその他資本剰余金が増加します。その他資本剰余金は、配当等の株主への分配の財源となる分配可能額を構成します。

●設例 11−1　資本金と資本準備金

　当社は、新たに株式 1,000 株を 1 株当たり 3,000 円で発行し、払込金は普通預金とした。資本金に計上すべき額の範囲を求めなさい。

解答
　1,500,000 円〜3,000,000 円

　原則として、払込額の全額を資本金とするので、その場合には資本金は 3,000,000 円となります。この場合の仕訳は、次のようになります。

　　　（借）普 通 預 金 3,000,000　　（貸）資　　本　　金 3,000,000

　ただし、払込額の 2 分の 1 を超えない額は資本金としないことができますので、資本金に計上すべき最低限度額は 1,500,000 円となり、資本金としない額は、資本準備金とされます。この場合の仕訳は、次のようになります。資本金の額は、商取引上の信用や会社法や税法の規制と結びついているので、企業は、そのような影響を考慮して資本金の額を決定します。

　　　（借）普 通 預 金 3,000,000　　（貸）資　　本　　金 1,500,000
　　　　　　　　　　　　　　　　　　　　　資 本 準 備 金 1,500,000

5. 利益剰余金

　利益剰余金は、企業が企業活動を通じて稼得した利益を留保したもの
です。当期純利益は、各年度におけるフローとしての利益ですが、各期
末において貸借対照表における利益剰余金に振り替えられます。利益剰
余金は、次年度以降の配当等の形で株主に分配されていきますが、分配
されなければ企業活動へ再投資する資金の原資（内部留保）として企業
内に残留します。

　会社法は、利益剰余金から配当を行った場合、一定の額（配当額の 10
分の 1）を利益準備金に計上することを要求しています[2]。利益準備金
は、ただちに配当等で分配することはできません。利益剰余金のうち、
利益準備金以外の部分は、その他利益剰余金として貸借対照表において
表示されます。多くの株式会社は、1 年に 1 回の配当を株主総会の決議
によって決定しますが、さらに年 1 回の中間配当を取締役会の決議で実
施することもできます。

　なお、その他利益剰余金については、株主総会等の決議を経て、その
一部を任意積立金として積み立てることができます。将来の配当額を平
均する目的、固定資産の建設の目的、あるいは社債の償還の目的など、
特定の目的のために任意積立金を設定する場合もあります（それぞれ、
配当平均積立金、新築積立金、減債積立金などと呼ばれます。）。また、
目的を特定しない別途積立金という任意積立金を設定する場合もありま
す。任意積立金は、目的の達成によって随時に取り崩されるほか、株主
総会の決議をもって取り崩すこともできます。任意積立金以外のその他
利益剰余金を繰越利益剰余金といいますが、任意積立金を取り崩した場
合には、その額が繰越利益剰余金に振り替えられます。

2）ただし、資本準備金と利益準備金の合計額が資本金の額の 4 分の 1 に達するまでとさ
　れます。それ以上の準備金の積立ては、株主への配当の財源を限定しすぎるという別
　の問題が生じさせます。

●設例 11-2　剰余金の配当

当社の株主総会直前の純資産は、次の通りであった。

資本金 100,000 千円、利益準備金 10,000 千円、

別途積立金 30,000 千円、繰越利益剰余金 43,000 千円

当社は、株主総会において、利益剰余金から 8,000 千円の配当を行った。必要な利益準備金への積立てを行う。また、別途積立金に 10,000 千円の積立てを行う。

株主総会後の純資産を構成する各項目の金額を求めなさい。

解答

資本金 100,000 千円、利益準備金 10,800 千円、別途積立金 40,000 千円、

繰越利益剰余金 24,200 千円

利益剰余金からの配当 8,000 千円を行う場合、利益準備金へはその 10 分の 1 である 800 千円を計上する必要があります。したがって、株主総会における剰余金の処分の仕訳を示すと、次のようになります。

（借）繰越利益剰余金　　18,800　　（貸）未 払 配 当 金　　8,000
　　　　　　　　　　　　　　　　　　　　利 益 準 備 金　　　800
　　　　　　　　　　　　　　　　　　　　別 途 積 立 金　10,000

なお、未払配当金は、負債（未払金）ですが、遅滞なく現金預金によって決済されます。その仕訳は、次のようになります。

（借）未 払 配 当 金　　8,000　　（貸）現 金 預 金　　8,000

6.　自己株式

　企業は、配当の他にも、自己株式を取得することによって株主への分配を行うことができます。株主は、配当の場合と同様、自己株式の取得に応じることによって金銭を受け取ることができます。

　現在では、株式会社は、分配可能額の枠内で、株主総会における承認を経て、自己株式の取得を行うことができます。取得した自己株式は、そのまま保有を継続することができます。その他にも、自己株式を消却して、発行済み株式数を減少させることによって株価を支えることもできますし、逆に資金が必要な場合には自己株式を処分して株式の発行と同様の資金調達を行うこともできます。

　自己株式を保有している状態で期末を迎えた場合には、貸借対照表において、株主資本から一括して控除する形式で自己株式を表示します。

　自己株式を処分した場合、取得原価と処分価額との差額は、その他資本剰余金とします。自己株式を消却した場合には、取得原価をその他資本剰余金から控除します。

●設例 11 − 3　自己株式の取得と消却・処分
　当社の当期首における純資産は、次の通りであった。
　　　　資本金 100,000 千円、資本準備金 20,000 千円、
　　　　その他資本剰余金 5,000 千円、利益準備金 10,000 千円、
　　　　繰越利益剰余金 43,000 千円
　当社は、株主総会において承認された枠内で、自己株式 5,000 千円を取得した。また、このうち 1,000 千円分を消却し、さらに 1,200 千円分を 1,500 千円で処分した。当期純利益は 9,000 千円で、当期中に配当は行っていない。

当期末の貸借対照表における純資産の部を作成しなさい。

解答

純資産の部　　　　　（単位：千円）

株主資本		
資本金		100,000
資本剰余金		
資本準備金	20,000	
その他資本剰余金	4,300	24,300
利益剰余金		
利益準備金	10,000	
繰越利益剰余金	52,000	62,000
自己株式		△2,800
株主資本合計		183,500

　自己株式の取得は、取得原価で記録されます。現金預金によって決済されたとすると、仕訳は次のようになります。

　　（借）自 己 株 式　　5,000　　（貸）現 金 預 金　　5,000

さらに、自己株式の消却は、その他資本剰余金を原資として行います。

　　（借）その他資本剰余金　　1,000　　（貸）自 己 株 式　　1,000

自己株式の処分差額は、損益としないで、その他資本剰余金の増減額とします。

　　（借）現 金 預 金　　1,500　　（貸）自 己 株 式　　1,200
　　　　　　　　　　　　　　　　　　　　その他資本剰余金　　300

7. 評価・換算差額等

　すでに述べたように、その他有価証券に純資産直入処理を行った場合、その他有価証券評価差額金が貸借対照表に計上されます。その他有価証券評価差額金は、その増減額が当期純利益に含められないので、貸借対照表における純資産の部において株主資本とは区別される「評価・換算差額等」の区分において表示されます。

　その他有価証券評価差額金は、その他有価証券を売却すれば売却益として認識されるべきものですので、売却時には課税されることが予定されています。このため、その他有価証券評価差額金として貸借対照表に計上される金額は、売却時に支払われるべき税金の額（繰延税金負債として計上されます。）を控除した税引後の金額となります。

●設例 11 - 4　その他有価証券評価差額金

　当期において、その他有価証券 5,000 千円を取得した。当期末において、その他有価証券の時価が 6,000 千円に上昇した。法人税等の税率は、30% とする。

　当期末の貸借対照表におけるその他有価証券、繰延税金負債及びその他有価証券評価差額金の各金額を求めなさい。

解答

その他有価証券	6,000 千円
繰延税金負債	300 千円
その他有価証券評価差額金	700 千円

　その他有価証券を取得した場合、仕訳は次のようになります。

（借）その他有価証券　　5,000　　（貸）現　金　預　金　　5,000

　当期末においてその他有価証券の時価が 1,000 千円だけ増加しているので、その他有価証券評価差額金は、税引前の金額で 1,000 千円、税引後の金額で 700 千円となります。したがって、期末の仕訳は、次のようになります。

（借）その他有価証券　　1,000　　（貸）繰延税金負債　　　300

その他有価証券
評　価　差　額　金　　700

8. 新株予約権と株式引受権

　株式会社は、株主となろうとする者に対して新株予約権を発行することができます。新株予約権は、オプションの一種で、将来の一定の時期に一定の価格で権利行使をすることによって株式が交付される権利です。

　すでに述べたように、新株予約権は、株式ではないので、新株予約権の保有者は、株主とは異なる立場にあります。現在の企業会計では、新株予約権は、貸借対照表における純資産の部には含まれるものの、株主資本とは別の項目としてその取得原価をもって表示されます。

　新株予約権がその保有者によって権利行使された場合には、株式が発行されるので、権利行使価格に相当する金銭の額と新株予約権の帳簿価額の合計額が資本金又は資本準備金に計上されます。

　逆に、新株予約権が権利行使されないまま、失効した場合には、企業は結果的に新株予約権の取得原価に相当する金銭を、株式を発行することなしに受け取ったということになるので、新株予約権の帳簿価額は新株予約権戻入益として損益計算書における特別利益の区分に計上されます。

●設例 11−5　新株予約権

　当社は、当期首において、新株予約権 100 個（1 個当たり 1 株を権利行使価格 200 千円で交付する）を 1 個当たり 20 千円で発行した。

　当期中に新株予約権 40 個が権利行使され、40 株の株式を交付した。

　当期中に増加する資本金及び資本準備金の合計額を求めなさい。

解答

　　8,800 千円

　新株予約権を発行した時の仕訳は、次の通りです。払込金は、現金預金とします。

　　　（借）現 金 預 金　　2,000　　（貸）新 株 予 約 権　　2,000

　新株予約権の権利行使を受けて、株式を発行する場合、増加する資本金及び資本準備金の合計額は、交付した株式に対する払込金（200 千円×40 株＝8,000 千円）と権利行使された新株予約権の帳簿価額（20 千円×40 個＝800 千円）の合計額となります。仕訳で示すと、次のようになります。なお、交付した株式の払込金は現金預金とし、払込金の全額を資本金とします。

　　　（借）現 金 預 金　　8,000　　（貸）資 　本 　金　　8,800
　　　　　新 株 予 約 権　　　800

　なお、企業は役員又は従業員を対象に株式又は新株予約権を報酬として付与することがあります（特に、報酬として付与される新株予約権はストック・オプションと呼ばれています。）。これらの株式報酬については、付与日における公正な評価額を算定し、権利が確定するまでの期間

において株式報酬費用として配分する会計処理が行われます。

　株式会社が取締役等に対して報酬として株式を無償で交付する場合において、特に権利確定条件が達成された時点で株式の交付が行われることがあります（事後交付型といいます。）。事後交付型による場合、権利確定期間中に認識される株式報酬費用に見合って、株式引受権が計上されます。株式引受権は、新株予約権と同様に、純資産における株主資本以外の項目として表示され、株式の事後交付に伴って、資本金等に振り替えられます。

12 損益会計

《本章のポイントと学習の目標》

- 企業会計では、一会計期間に属する収益と費用を決定し、当期純利益を計算する。
- 収益は、企業活動によってもたらされる成果で、資産の増加又は負債の減少を伴うものである。費用は、企業活動において成果を獲得するための犠牲で、資産の減少又は負債の増加を伴うものである。収益は、資産の増加又は負債の減少を通じて資本（株式会社にあっては株主資本）を増加させ、費用は、資産の減少又は負債の増加を通じて資本を減少させる。
- 収益は、営業収益、営業外収益及び特別利益に分類される。また、費用は、営業費用、営業外費用及び特別損失に分類される。営業収益は、通常、売上高として表示され、営業費用は、売上原価と販売費及び一般管理費に区分して表示される。
- 収益及び費用の認識は、原則として、発生主義の原則によって行われる。発生主義の原則は、企業活動によって便益を享受した時点で収益を認識し、また、便益を消費した時点で費用を認識すべきことを定める会計原則である。
- 収益の認識は、実現主義の原則によって限定される。顧客との契約によって生じる収益は、財又はサービスの提供によって契約に含まれる履行義務を充足することによって認識される。
- 費用の認識は、ほとんどが発生主義の原則によって行われるが、費用収益対応の原則によって限定されることがある。例えば、発生した費用の一部は、将来の期間に対応する費用（繰延資産）として貸借対照表に計上される。また、未発生の費用であっても、当該期間に対応する費用を認識するために引当金が貸借対照表に計上される場合がある。
- 売上高から売上原価を控除して売上総利益を表示し、さらに販売費及び一

般管理費を控除して営業利益を表示する。営業利益に営業外収益を加算し、営業外費用を減算することによって経常利益を表示する。さらに、経常利益に特別利益を加算し、特別損失を減算することによって税引前当期純利益を表示する。

- 税引前当期純利益から法人税、住民税及び事業税を控除することによって当期純利益を表示する。資産及び負債の会計上の帳簿価額と税務上の金額との間に一時差異が存在する場合、繰延税金資産又は繰延税金負債を計上し、それらの増減額として法人税等調整額を算定し、法人税、住民税及び事業税に加減する。

《キーワード》 収益、費用、営業収益と営業費用、営業外収益と営業外費用、特別利益と特別損失、収益認識、履行義務、法人税等、税効果会計、繰延税金資産と繰延税金負債

---

1. 収益と費用

(1) 収益と費用の意義

収益と費用は、一定時点に存在するストックに属する資産・負債・資本とは異なり、一定期間に生じるフローに属する財務諸表の構成要素です。

すでに述べたように、収益と費用は、利益を介して、資産・負債・資本と密接な関係を有しています。

収益 − 費用 ＝ 利益

利益 ＝ 期末資本 − 期首資本 ＝（期末資産 − 期末負債）− 期首資本

したがって、収益と費用は、次のような資産及び負債の増減をもたらすことが分かります。

収益→利益の増加→資本の増加→資産の増加又は負債の減少

費用→利益の減少→資本の減少→資産の減少又は負債の増加

　ただし、逆にすべての資本の増減が収益又は費用を生じさせるという
わけではありません。なぜなら、企業と株主等（所有者）との間の取引
である出資や配当からも資本の増減が生じますが、これらは収益又は費
用ひいては利益には影響を及ぼさないからです。この結果、株主との取
引から生じるものを除いた資本の増減（資産又は負債の増減）が収益と
費用を構成することになります。また、株主との取引を除くということ
は、資本の増減（→資産又は負債の増減）のうち企業の利益獲得を目的
とする活動（企業活動）から生じたものに限定することになるので、収
益は一期間における企業活動の成果を意味し、また、費用は一期間にお
ける企業活動の成果を獲得するための犠牲を意味するものとなります。
　このような検討を通じて、収益と費用は、次のように定義することが
できます。

　　　収益とは、株主との取引以外の取引から生じた、一定期間におけ
　　る企業活動から得られた成果であり、資産の増加又は負債の減少を
　　もたらすものである。
　　　費用とは、株主との取引以外の取引から生じた、一定期間におけ
　　る企業活動の成果を獲得するための犠牲であり、資産の減少又は負
　　債の増加をもたらすものである。

（2）収益と費用の分類

　収益と費用の分類は、一般に、その発生原因別に分類が行われます。
　図表 12-1 のように、収益は、営業収益、営業外収益及び特別利益に
分類され、費用は、営業費用、営業外費用及び特別損失に分類されます。
なお、特別利益及び特別損失は、広義には、収益及び費用に該当します
が、企業の臨時的な活動から生じるもの又は純額で表されるものについ
ては、利益（利得）及び損失という語が充てられることが多く、ここで

もそのような用語法に従っています。

図表 12−1 　収益と費用の分類

$$
収益
\begin{cases}
営業収益———売上高 \\
営業外収益 \\
特別利益
\end{cases}
$$

$$
費用
\begin{cases}
営業費用
\begin{cases}
売上原価 \\
販売費及び一般管理費
\end{cases} \\
営業外費用 \\
特別損失
\end{cases}
$$

2．売上高

　売上高は、企業の主たる営業活動から生じた営業収益であり、商品又は製品の販売による収益、サービスの提供による収益（役務収益）が含まれます。

　売上高として計上される収益は、顧客との契約に基づいて財又はサービスを提供することによって認識される収益がほとんどです。

（1）　基本となる原則

　収益の認識における基本となる原則は、約束した財又はサービスの顧客への移転を当該財又はサービスと交換に企業が権利を得ると見込む対価の額で描写するように、収益を認識することとされています。

　このような顧客との契約に基づく収益の認識は、一般に、次の5つのステップに基づいて行われます。

　　1．顧客との契約を識別する。

　　2．契約における履行義務を識別する。

3.　取引価格を算定する。

4.　契約における履行義務に取引価格を配分する。

5.　履行義務を充足した時に又は充足するにつれて収益を認識する。

　基本的な考え方は、約束した財又はサービスの顧客への移転による履行義務の充足に基づいて収益の認識を行うというものです。

　図表 12-2 は、収益認識の 5 つのステップを図解しています。(1)において識別した契約について、(2)において 2 つの履行義務が識別されたとします。(3)において取引価格が算定され、(4)において取引価格をそれぞれの履行義務に対して独立販売価格に基づいて配分します。最終的に、(5)において、履行義務の充足をもって収益を認識します。

図表 12-2　収益認識の 5 つのステップ

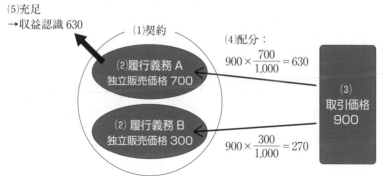

　例えば、契約に 2 つの履行義務 A 及び B が含まれ、全体の取引価格 900 は、それぞれの履行義務の独立販売価格である 700 と 300 に基づいて、履行義務 A には 630 が、B には 270 が配分されます。さらに、履行義務 A が充足されると、630 が収益として認識されます。

168

（2） 契約の識別と履行義務の識別

　顧客との契約は、文書によるものばかりではなく、口頭や商慣習によるものも含まれます。顧客との契約には、様々な約束が含まれていて、その中に存在する履行義務を識別します。履行義務とは、契約の中に含まれている売手側の義務であり、この義務の充足の見返りに、売手に対価を受け取る権利が生じます。

　顧客との契約に複数の履行義務が含まれている場合には、別個の財又はサービスに係る履行義務を識別し、取引価格を個々の履行義務に配分しなければなりません。

　例えば、2年間のサービスを提供する契約において、当初にサービスの提供のために必要な機器を提供する場合を考えます。この場合において、機器とサービスが別個の財又はサービスと認められるときは、機器の販売とサービスの提供はそれぞれ異なる履行義務として識別しなければなりません。

●設例 12-1　複数要素契約

　当社は、顧客との間で2年間の保守サービスを提供する契約を締結し、サービス提供のために必要な機器を顧客の事務所に備え付けた。契約全体の取引価格は 500,000 円であり、現金で受け取った。なお、保守サービスと備付用の機器の現金販売価格は、それぞれ 324,000 円と 216,000 円であった。

　半年後に決算日を迎えたので、半年分の保守サービスの提供に係る収益を認識した。

　当期に認識すべき収益の額は、いくらですか。

解答

275,000 円

　顧客との契約に含まれる履行義務は、機器の販売と保守サービスの提供という 2 つです。備付用機器を販売した時点で、顧客に移転した機器の販売に係る収益を認識しますが、まだ顧客に移転していない保守サービスの提供に係る収益は認識できませんので、契約負債（財又はサービスを顧客に移転する企業の履行義務に対して企業が顧客から対価を受け取ったもの）を負債として認識します。

　また、詳しくは後述しますが、対価の 500,000 円を保守サービスと備付用機器にそれぞれの独立販売価格に基づいて配分します。現金販売価格の合計 540,000 円と対価 500,000 円との差額 40,000 円は、複数要素契約を行ったことに伴う値引に相当します。

$$保守サービスの対価 = 500{,}000\ 円 \times \frac{324{,}000\ 円}{324{,}000\ 円 + 216{,}000\ 円}$$

$$= 300{,}000\ 円$$

$$備付用の機器の対価 = 500{,}000\ 円 \times \frac{216{,}000\ 円}{324{,}000\ 円 + 216{,}000\ 円}$$

$$= 200{,}000\ 円$$

備付用機器の販売の時点における仕訳は、次のようになります。

　（借）現　　　　　金　500,000　　（貸）売　　上　　高　200,000
　　　　　　　　　　　　　　　　　　　　契　約　負　債　300,000

　続いて、決算日においては、次の仕訳のように、対価として受け取っていた 2 年分の保守サービスのうち経過した半年分（300,000 円 ÷ 2 年 × 6 か月／12 か月 = 75,000 円）を収益として認識します。貸方は、サービス（役務）に係る収益ですが、顧客との契約による収益を表す売上高と

して表示することが一般的です。

（借）契　約　負　債　　75,000　　（貸）売　　上　　高　　75,000

　この結果、当期に認識すべき収益の額は、200,000 円＋75,000 円＝ 275,000 円となります。

　なお、複数要素契約の中には、複数の履行義務を識別すべきかどうか不明確なものもあります。典型的には、製品保証などの財又はサービスに対する保証が当てはまります。財又はサービスに対する保証は、引当金として処理されるものと契約に含まれる一つの履行義務として処理されるものに分けられます。

　財又はサービスに対する保証が、合意された仕様に従っているという保証のみである場合、一つの履行義務（製品の移転とは別の製品保証サービスの提供）として会計処理を行うのではなく、当該保証に係る引当金（製品保証引当金）として処理することとされています。

　これに対して、財又はサービスに対する保証が、合意された仕様に従っているという保証に加えて、顧客に追加的なサービスを提供する保証を含む場合には、保証サービスは一つの履行義務として取り扱うものとされています。

（3）　取引価格の算定と履行義務への配分

　収益の測定は、取引価格、すなわち財又はサービスの顧客への移転と交換に企業が権利を得ると見込む対価の額によって行われます。このため、識別された契約に複数の履行義務が含まれる場合には、契約全体に係る取引価格を個々の履行義務に配分する必要があります。

　取引価格の算定において生ずる問題の一つが、変動対価です。変動対価とは、顧客と約束した対価のうち変動する可能性のある部分をいま

す。顧客から受け取るべき対価に変動対価が含まれる場合、財又はサービスの顧客への移転と交換に企業が権利を得ることとなる対価の額を見積る必要があります。なお、変動対価の額の見積りに当たっては、「発生し得ると考えられる対価の額における最も可能性の高い単一の金額（最頻値）」又は「発生し得ると考えられる対価の額を確率で加重平均した金額（期待値）」のいずれかの測定値によるものとされています。

●設例 12-2　返品権付販売

　当社は、第 1 期において、商品 100 個（原価 @50 千円）を返品権付きで @80 千円で売り上げ、代金は掛けとした。返品権の行使率は 15% と見積もった。この段階で、決算を迎えた。第 1 期におけるその他の売上高と売上原価は、720,000 千円と 450,000 千円であった。

　第 2 期において、返品権が行使され、上記商品のうち 10 個が返品され、代金は売掛金から控除した。第 2 期におけるその他の売上高と売上原価は、800,000 千円と 500,000 千円であった。

　第 1 期及び第 2 期における売上高と売上総利益を求めなさい。

解答

	第 1 期	第 2 期
売上高	726,800 千円	800,400 千円
売上総利益	272,550 千円	300,150 千円

　返品権付販売については、その対価を変動対価（顧客と約束した対価のうち変動する可能性のある部分）とみて会計処理を行うため、財又はサービスの顧客への移転と交換に企業が権利を得ることとなる対価の額を見積る必要があります。

第1期：

　第1期における売上高は、返品の可能性を反映した額で測定すること
になります。その仕訳は、次の通りです。

　　　（借）売　掛　金　　8,000　　（貸）売　　上　　高　　6,800
　　　　　　　　　　　　　　　　　　　　　返　金　負　債　　1,200
　　　（借）売　上　原　価　4,250　　（貸）商　　　　　品　　5,000
　　　　　　返　品　資　産　　750

　返金負債は、顧客からの返品権の行使に伴って返金しなければならな
い義務で、商品の販売によって権利を得ると見込まない金額（@80千円
×100個×返品権行使率15%＝1,200千円）を表しています。また、顧客
に移転した商品の原価5,000千円を、売上原価となるものと返品が予想
される資産（返品資産）（@50千円×100個×返品権行使率15%＝750千
円）とに配分します。以上から、売上高と売上総利益は、次のように算
定されます。

　　　売上高＝720,000千円＋6,800千円＝726,800千円
　　　売上原価＝450,000千円＋4,250千円＝454,250千円
　　　売上総利益＝726,800千円－454,250千円＝272,550千円

第2期：

　さらに、返金負債と返品資産の額は、将来における返品権の行使に関
する見積りであるため、実際とは異なる可能性があります。第2期に生
じた見積りと実際の差額は、売上高と売上原価を修正することによって
処理します。

　　　（借）返　金　負　債　　1,200　　（貸）売　　掛　　金　　800

			売　上　高		400
（借）商　　品		500	（貸）返品資産		750
売上原価		250			

　返品権が行使されることによって、10 個分の商品の返品を受けた場合、返金負債と売掛金を相殺し、両者の差額（変動対価の見積りの修正に伴って生じる差額）は収益（売上高）の額を調整して処理します。同時に、商品と返品資産を相殺し、両者の差額は売上原価の額の調整として処理します。以上から、売上高と売上総利益は、次のように算定されます。

　　売上高 = 800,000 千円 + 400 千円 = 800,400 千円

　　売上原価 = 500,000 千円 + 250 千円 = 500,250 千円

　　売上総利益 = 800,400 千円 − 500,250 千円 = 300,150 千円

（4）　履行義務の充足に基づく収益の認識

　履行義務の充足は、商品を販売した場合のように、財又はサービスを顧客に移転した一時点において行われる場合もあれば、長期の工事契約の場合のように、財又はサービスを顧客に徐々に移転したと認められる一定期間にわたって行われる場合もあります。

　一時点において履行義務が充足される場合には、その時点において収益を認識します。財又はサービスの顧客への移転は、資産に対する支配が移転されたか否かによって判断します。具体的には、顧客による法的所有権の保有、企業による物理的占有の移転、顧客による検収などを考慮に入れて決定されることになります。

　さらに具体的には、買手の側が財又はサービスに対する支配を獲得することによって、財又はサービスに対する支配が移転することが重視されます。

　通常の商製品の販売活動については、一時点で充足される履行義務が識別されるので、当該履行義務が充足された時点で収益が認識されます。しかし、通常の販売活動は、①商品の仕入→②保管→③受注→④販売契約の締結→⑤商品の発送（出荷）→⑥商品の引渡し→⑦得意先による商品の検収→⑧販売代金の請求→⑨販売代金の回収といったプロセスを経て行われます。このようなプロセスのどの時点をもって履行義務が充足され、収益認識を行うかが問題となります。現在の実務では、一般には、商品の出荷をもって収益を認識する出荷基準又は商品の引渡しをもって収益を認識する引渡基準は適切ではなく、顧客が商品の検収を行った時点で収益を認識する検収基準が適切と考えられています。

(5) 進捗度に基づく収益認識

　顧客に対する財又はサービスの移転が一定の期間にわたり行われ、一定の期間にわたり履行義務が充足される場合、履行義務の充足に係る進捗度を見積もって、当該進捗度に基づき収益を一定の期間にわたり認識することになります。

　進捗度の見積りは、アウトプット法又はインプット法によって行われます。アウトプット法では、アウトプットを表す指標に基づいて、全体の財又はサービスに対する現在までに移転した財又はサービスの比率として進捗度を見積もります。経過時間、生産単位数、引渡単位数などがアウトプット法の指標として考えられます。インプット法では、インプットを表す指標に基づいて、全体の財又はサービスに対する現在までに移転した財又はサービスの比率として進捗度を見積もります。インプットの指標としては、消費した資源、発生した労働時間、発生したコスト（原価）、経過期間、機械使用時間等が考えられます。典型的な長期請負工事などにおいては、発生したコスト（原価）を指標として進捗度が見

積もられます（原価比例方式）。

●設例 12-3　進捗度に基づく収益認識

　当社は、顧客との間で建物の建設工事を行って引き渡す契約を締結した。工事総額は 300,000 千円、見積り工事原価は 240,000 千円であった。

　また、第 1 期、第 2 期及び第 3 期における工事原価の発生額は、60,000千円、150,000 千円及び 30,000 千円であった。

　各期における売上高と売上総利益を求めなさい。

解答

	第 1 期	第 2 期	第 3 期
売上高	75,000 千円	187,500 千円	37,500 千円
売上総利益	15,000 千円	37,500 千円	7,500 千円

各期における売上高は、それぞれ以下の通りです。

$$第 1 期：300,000 千円 \times \frac{60,000 千円}{240,000 千円} = 75,000 千円$$

$$第 2 期：300,000 千円 \times \frac{60,000 千円 + 150,000 千円}{240,000 千円} - 75,000 千円$$

$$= 187,500 千円$$

　第 3 期：300,000 千円 − (75,000 千円 + 187,500 千円) = 37,500 千円

　第 1 期末までの進捗度は、60,000 千円 ÷ 240,000 千円 = 25% ですので、第 1 期に認識する収益は、300,000 千円 × 0.25 = 75,000 千円となります。第 2 期末までの進捗度は、(60,000 千円 + 150,000 千円) ÷ 240,000 千円 =87.5% となりますので、第 2 期末までの収益は 300,000 千円 × 0.875 =262,500 千円となります。第 1 期において既に 75,000 千円を認識してい

ますので、第2期においては 262,500 千円 − 75,000 千円 = 187,500 千円が
認識されます。

　原価比例方式によって進捗度を見積る場合、発生した工事原価は、す
べて売上原価となりますので、各期の売上総利益は、次のように算定さ
れます。

　　　第1期：75,000 千円 − 60,000 千円 = 15,000 千円

　　　第2期：187,500 千円 − 150,000 千円 = 37,500 千円

　　　第3期：37,500 千円 − 30,000 千円 = 7,500 千円

　第1期の仕訳を示すと、次の通りです。売上原価には、仕掛品勘定（建
設会社の実務では、工事支出金勘定なども用いられます。）から振り替え
るものとします。

　　（借）契　約　資　産　　75,000　　（貸）売　　上　　高　　75,000
　　（借）売　上　原　価　　60,000　　（貸）仕　　掛　　品　　60,000

　売上高の計上に伴って、契約資産が計上されます。契約資産は、契約
が完了しない段階において売主が権利を得ると見込まれる額を表してい
ます。法律的な意味での債権（売掛金）には至っていませんが、貸倒引
当金の設定対象となるなど、通常の債権と同様の会計処理が行われます。

　第2期の仕訳は、次の通りです。

　　（借）契　約　資　産　187,500　　（貸）売　　上　　高　187,500
　　（借）売　上　原　価　150,000　　（貸）仕　　掛　　品　150,000

第3期の仕訳は、次の通りです。

　　（借）契　約　資　産　　37,500　　（貸）売　　上　　高　　37,500
　　（借）売　上　原　価　　30,000　　（貸）仕　　掛　　品　　30,000

　　（借）売　　掛　　金　300,000　　（貸）契　約　資　産　300,000

　契約をすべて履行したので、契約資産を売掛金に振り替えます。な
お、契約の履行の段階で、顧客から金銭等を受け入れた場合には、契約
負債（前受金）として処理し、契約資産と相殺します。

3.　売上原価

　売上原価は、売上高の原因である、直接的な販売の対象となった財又
はサービスの原価です。売上原価は、費用収益対応の原則に基づいて、
売上高に対応する費用として認識されるものです。
　例えば、小売業や卸売業のような商業を前提とする場合、売上原価
は、次のように算定されます。
　　　　売上原価＝商品期首棚卸高＋当期商品仕入高－商品期末棚卸高
　すなわち、期首における在庫に当期仕入れた商品を加え、期末におけ
る在庫を差し引くことによって、売上原価が算定されます。
　製造業の場合は、売上原価は、次のように算定されます。
　　　　売上原価＝製品期首棚卸高＋当期製品製造原価－製品期末棚卸高
　製造業の場合、当期の仕入高ではなく、当期の製造原価が用いられま
す。当期の製造原価は、原価計算の手続に従って算定された当期の完成
品の製造原価です。製造原価は、製造活動に係るすべての直接費及び間
接費を含める全部原価によって算定されます。例えば、工場で発生す
る、原材料や部品の消費額である原材料費、賃金手当・福利厚生費・退
職給付費用等の労務費、機械減価償却費・水道光熱費・修繕費等の経費
などは、製造原価を構成します。
　なお、商品又は製品の期末棚卸高の算定に当たって、取得原価に基づ
いて算定された帳簿価額よりも、正味売却価額が小さい場合には、棚卸

評価損が計上されます。この棚卸評価損は、次のように、売上原価に含めることになります。

売上原価＝商品期首棚卸高＋当期商品仕入高

－商品期末棚卸高(取得原価)＋商品評価損

　売上原価は、損益計算書においては、売上高からこれを差し引いて、売上総利益が算定されます（売上高から売上原価を差し引いた金額が負の金額となる場合には、売上総損失として表示されます。）。売上総利益は、実務的には、粗利益（そりえき・あらりえき）などとも呼ばれ、企業の収益性の基本的な指標の一つとなっています。

4. 販売費及び一般管理費

　販売費及び一般管理費は、企業の販売活動及び一般管理活動に関連する諸費用です。

　販売活動に関連する諸費用としては、発送費、包装費、広告宣伝費などが含まれます。一般管理活動は、幅が広く、例えば、本社における経営管理に関する活動なども含まれます。したがって、具体的な費目としても、給料手当、減価償却費、消耗品費、支払賃借料、支払保険料、水道光熱費、通信費、租税公課など多岐にわたります。

　販売費及び一般管理費は、基本的には、発生主義の原則に基づいて認識されます。発生主義の原則は、企業が財又はサービスを消費した時点において費用として認識するという認識基準です。

　注意を要するものとしては、研究開発費があります。研究開発費は、企業が行う研究及び開発の活動に関連して生じる諸費用です。この中には研究活動のために専用で購入した機械・備品や消耗品等も含まれますが、基本的には発生時において即時費用処理が行われることとされています。研究開発活動は、企業にとって不確実性の高い投資活動であり、

そのための投資額は将来の経済的便益をもたらす可能性が不確実であるため、資産として認識しないこととされています。

リース取引のうち、ファイナンス・リース取引が通常の購入取引と同様の会計処理を行うことについては、第7章においてすでに説明しました。それ以外のリース取引は、オペレーティング・リース取引に分類され、通常の賃貸借取引として会計処理が行われます。したがって、オペレーティング・リース取引に係る支払リース料は、通常、当期の販売費及び一般管理費として表示されます（ただし製造活動に係るものは、当期製造費用に含まれます。）。

また、様々な引当金の繰入額も、販売費及び一般管理費に含まれます。例えば、貸倒引当金、賞与引当金、修繕引当金などの繰入額は、販売費及び一般管理費として表示されることが一般的です。なお、退職給付引当金を設定するための費用は、退職給付費用として表示されます。

損益計算書において、売上総利益の次に、販売費及び一般管理費を表示し、売上総利益から販売費及び一般管理費を控除することによって営業利益が表示されます（この金額が負の金額となる場合には、営業損失として表示されます。）。営業利益は、企業の営業活動の結果として算定される利益で、企業の営業活動の収益性を示す指標となります。

5. 営業外収益と営業外費用

営業外収益は、企業の主たる営業活動以外の活動から生じた収益のうち、経常的なものをいいます。営業外収益は、主に企業の財務活動から生じる収益から構成され、例えば、受取利息、有価証券利息、受取配当金、為替差益などが含まれます。

同様に、営業外費用は、企業の主たる営業活動以外の活動から生じた費用のうち、経常的なものをいいます。営業外費用は、主に企業の財務

活動から生じる費用から構成され、例えば、支払利息、有価証券評価損、為替差損などが含まれます。

損益計算書において、営業外収益と営業外費用は、営業利益の次に表示され、これに営業外収益を加算し、営業外費用を減算することによって、経常利益が表示されます（この金額が負の金額となる場合には、経常損失として表示されます。）。経常利益は、企業の経常的な活動（営業活動及び財務活動）の結果として算定される利益で、企業の経常的な収益性を示す指標となります。

6. 特別利益と特別損失

特別利益は、企業の臨時的な活動・事象から生じる利得をいいます。例えば、有形固定資産売却益、投資有価証券売却益、新株予約権戻入益、負ののれん発生益などが含まれます。

同様に、特別損失は、企業の臨時的な活動・事象から生じる損失をいいます。例えば、有形固定資産売却損・有形固定資産除却損、投資有価証券売却損・投資有価証券評価損、減損損失などが含まれます。

損益計算書において、特別利益と特別損失は、経常利益の次に表示され、これに特別利益を加算し、特別損失を減算することによって、税引前当期純利益が表示されます（この金額が負の金額となる場合には、税引前当期純損失として表示されます。）。税引前当期純利益は、企業の活動の一期間における最終的な成果を税引前の金額で表示したものです。

7. 法人税、住民税及び事業税

（1） 法人税等

企業は、企業活動に関連する様々な税金を支払っています。会計では、企業の利益に連動して課される税金とそれ以外の税金とに分けて会

計処理を行います。

　　　　利益に連動して課される税金　　法人税、住民税及び事業税
　　　　それ以外の税金　　　　　　　　　固定資産税、自動車税、印紙税など
　　利益に連動して課される税金には、法人税、住民税及び事業税（これらを一括して「法人税等」と呼ぶことがあります。）があり、損益計算書における当期純利益を算定する直前において、税引前当期純利益から控除する形式で表示されます。これに対して、それ以外の税金は、通常の費用と同様に取り扱われ、多くの場合、販売費及び一般管理費の中で租税公課などとして表示されます。

　　法人税法において、各事業年度の課税所得は、次のように、益金の額から損金の額を控除することによって算定されます。

　　　　課税所得 ＝ 益金 − 損金

　　益金及び損金は、会計上の収益及び費用を次のように調整することによって算定されます。

　　　　益金 ＝ 収益 − 益金不算入 ＋ 益金算入

　　　　損金 ＝ 費用 − 損金不算入 ＋ 損金算入

　　したがって、課税所得は、次のように算定されます。

　　　　課税所得 ＝（収益 − 益金不算入 ＋ 益金算入）

　　　　　　　　　　　　　　　　　− （費用 − 損金不算入 ＋ 損金算入）

　　　　　　　＝（収益 − 費用）＋（益金算入 ＋ 損金不算入）

　　　　　　　　　　　　　　　　　− （益金不算入 ＋ 損金算入）

ここで、

　　　　税引前当期純利益 ＝ 収益 − 費用

であり、

　　　　益金算入 ＋ 損金不算入 ＝ 加算項目

　　　　益金不算入 ＋ 損金算入 ＝ 減算項目

とそれぞれ置くと、課税所得は、次のように表現されます。

　　　　課税所得＝税引前当期純利益＋加算項目－減算項目

　課税所得が算定されれば、これに所定の税率を乗ずることによって、法人税額が算出されます。

　　　　法人税額＝課税所得×税率

　以上のような企業会計上の利益から、課税所得、ひいては法人税額の算定に至るまでの過程を示すと、**図表12−3**の通りです。課税所得や法人税額の計算は、法人税の申告書において行われます。

　このように、法人税、住民税及び事業税は、事業年度に係る課税所得を税引前当期純利益を基礎として算定し、これに所定の税率を乗じることによって見積もられます。会計上の利益と税務上の課税所得は、似て非なるものです。例えば、企業が引当金を設定して費用を計上したものの、これを税務上の損金として認めない場合には、会計上の利益と税務上の課税所得との間に差が生じることになります。

図表12−3　税引前当期純利益・課税所得・法人税額

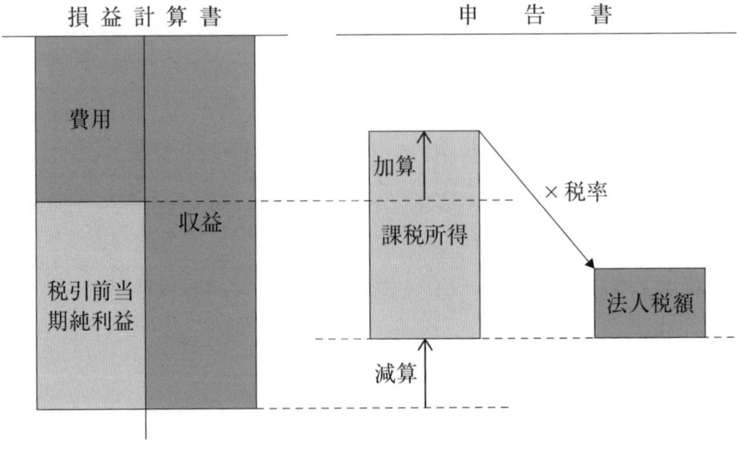

（2）　税効果会計の意義

　会計上の利益と税務上の課税所得との間に生じる差額は、会計上の利益と法人税等（費用）の額との対応関係をゆがめます。このため、課税所得に対して課される法人税、住民税及び事業税の額を調整して、会計上の税引前当期純利益に対応する税金費用の額を算定する会計処理が行われます。この会計処理は、税効果会計と呼ばれています。

　図表 12-4 は、税効果会計の基本的な仕組みを示しています。実際の法人税額（法人税のみならず、住民税及び事業税の額を含むものとします。）は、課税所得に税率を乗じることによって算定されます。しかし、税引前当期純利益と課税所得は、前述した加算項目及び減算項目が存在することから、一致しません。同図表では、第 1 期において、損金不算入項目（加算項目）が存在する（例えば、損金算入が認められない貸倒引当金繰入額を計上する）ことによって課税所得が税引前当期純利益よ

図表 12-4　税効果会計の基本的な仕組み

（第 1 期）

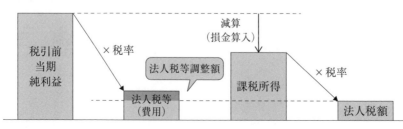

（第 2 期）

184

りも大きくなっていることを示しています。その結果、第1期の法人税額は、税引前当期純利益に税率を乗じた額に比して過大となってしまいます。そこで、法人税額の一部から法人税等調整額を控除することによって、法人税等（費用）の額を調整し、調整後の法人税等（費用）が税引前当期純利益に対応するようにします。

　続いて、第2期においては、第1期に生じた損金不算入項目が損金として認容されたとします（例えば、貸倒引当金を設定していた債権が実際に貸し倒れ、貸倒損失が損金として認められたとします。）。その結果、第2期の法人税額は、税引前当期純利益に税率を乗じた額に比して過小となります。そこで、法人税額に法人税等調整額を加算する（第1期に計上されていた繰延税金資産を取り崩し、法人税等調整額を計上する）ことによって、法人税等（費用）の額を調整し、調整後の法人税等（費用）が税引前当期純利益に対応することになります。

（3）　税効果会計の手続

　税効果会計では、まず、資産及び負債に係る会計上の帳簿価額と税務上の金額との差異を把握します。この差異には、会計上の取扱いと税務上の取扱いが単なるタイミングのずれによって生じるものとそうでないものが含まれます。会計上の取扱いと税務上の取扱いにおけるタイミングのずれによって生じるものを一時差異といい、これが税効果会計の対象となります。

　さらに、一時差異は、将来期間における解消によって将来の課税所得を増加させるものと減少させるものとがあります。将来の課税所得を増加させる一時差異を将来加算一時差異といい、将来の課税所得を減少させる一時差異を将来減算一時差異といいます。

　将来加算一時差異については、これに解消年度において適用されると

予想される税率を乗じて、繰延税金負債を計上します。他方、将来減算一時差異については、これに解消年度において適用されると予想される税率を乗じて、繰延税金資産を計上します。

　繰延税金資産が当期中に増加した場合（又は繰延税金負債が減少した場合）には、当期の税金費用を減額する効果が生じます。この場合、法人税等調整額が税金費用を減額する貸方に生じます。逆に、繰延税金資産が当期中に減少した場合（又は繰延税金負債が増加した場合）には、当期の税金費用を増額する効果が生じ、法人税等調整額が借方に生じます。

　損益計算書においては、税引前当期純利益の次に、法人税、住民税及び事業税と法人税等調整額を表示し、それらの合計額として法人税等合計を表示し、これを税引前当期純利益から控除する形式で、当期純利益（この金額が負の金額となる場合には、当期純損失として表示されます。）を表示します。当期純利益は、一期間の企業活動の最終的な成果を税引後の金額で表示したものです。

●設例 12-4　税効果会計の手続

　当社は、貸付金に対する貸倒引当金を設定しているが、税務上は貸倒引当金繰入額の全額が損金として認められず、一時差異が発生している。なお、各期における税率は 40% であった。

　X1 年度末において、A 社に対する貸付金に関する会計上の簿価が 700 千円（債権額 800 千円、貸倒引当金 100 千円）、税務上の金額が 800 千円であった。同年度における貸倒引当金繰入額は 100 千円であった。

　X2 年度末において、同貸付金に関する会計上の簿価が 400 千円（債権額 800 千円、貸倒引当金 400 千円）、税務上の金額が 800 千円であった。同年度における貸倒引当金繰入額は 300 千円であった。

186

X3年度において、同貸付金について、担保等による回収額200千円を除いた残額を貸倒れ処理した。貸倒損失は、税務上の損金として認められた。

以上から、各年度における法人税等調整額と繰延税金資産の残高を求めなさい。

解答

	第1期	第2期	第3期
法人税等調整額	40千円（貸方）	120千円（貸方）	160千円（借方）
繰延税金資産	40千円	160千円	0千円

各期の仕訳は、次のようになります。
X1年度：

　　（借）繰延税金資産　　　40　　（貸）法人税等調整額　　　40

一時差異100千円（＝会計上の簿価700千円－税務上の金額800千円）に対して、解消される年度の税率40％を適用し、40千円の繰延税金資産を計上します。
X2年度：

　　（借）繰延税金資産　　　120　　（貸）法人税等調整額　　　120

一時差異400千円（＝会計上の簿価400千円－税務上の金額800千円）に対して、解消される年度の税率40％を適用し、160千円の繰延税金資産を計上しなければなりませんが、すでに40千円が前年度に計上されているので、X2年度における追加的な計上額は120千円となりま

す。

X3 年度：

　　　（借）法人税等調整額　　　160　　（貸）繰延税金資産　　　160

　一時差異 400 千円の解消に際して、当該差異に係る繰延税金資産 160
千円を取り崩し、法人税等調整額に振り替えます。X3 年度において損
金 600 千円の計上により法人税等が 240 千円だけ軽減されますが、会計
上はすでに貸倒引当金が 400 千円設定されていたので、同年度における
費用（貸倒損失）は 200 千円のみとなり、法人税等の減少分は 80 千円に
とどまります。このため、両者の差額 160 千円が法人税等調整額として
追加計上されることになります。

13 財務諸表

《本章のポイントと学習の目標》
- 財務諸表には、貸借対照表と損益計算書の他にも、株主資本等変動計算書、キャッシュ・フロー計算書等があり、これらが財務諸表の体系を構成している。
- 貸借対照表は、流動性を表示する観点から区分及び配列が行われる。貸借対照表の様式には、勘定式と報告式がある。
- 損益計算書は、企業活動を営業活動と営業外の活動とに区分する観点から区分される。損益計算書の様式にも勘定式と報告式があるが、報告式によることが一般的である。
- 株主資本等変動計算書は、企業の純資産に属する各項目について、一期間における変動の状況を表示する計算書である。
- キャッシュ・フロー計算書は、企業の一期間におけるキャッシュ・フローの状況を表示する計算書である。キャッシュ・フロー計算書は、現金及び現金同等物を資金の範囲とし、キャッシュ・フローを営業活動によるキャッシュ・フロー、投資活動によるキャッシュ・フロー及び財務活動によるキャッシュ・フローに区分して表示する。
- 財務諸表に対する注記には、財務諸表の本体において表示されない事項に関する開示が含まれる。近年では、注記によって開示される情報が質的・量的に重要性を増している。

《キーワード》 貸借対照表、損益計算書、株主資本等変動計算書、キャッシュ・フロー計算書、注記

1. 財務諸表の体系

　企業会計は、企業の活動を貸借対照表と損益計算書という2つの財務諸表によって表現することを基礎としています。すでに学んだように、貸借対照表は、一定時点における資産・負債・資本というストックの状況を表示する計算書で、損益計算書は、一定期間における収益・費用というフローの状況を表示する計算書です。

　企業は、貸借対照表と損益計算書以外にも、これらを補完するための計算書を作成しています。代表的なものには、株主資本等変動計算書とキャッシュ・フロー計算書があります。

　株主資本等変動計算書は、企業の純資産に含まれる株主資本等の各項目について、一定期間における変動状況を表示する計算書です。また、キャッシュ・フロー計算書は、企業の現金及び現金同等物の一定期間における変動状況を表示する計算書です。

　企業は、様々な目的のために財務諸表を作成しています。作成される財務諸表の種類は、作成目的によって異なりますが、それぞれ財務諸表の体系を有しています。

　財務諸表の体系の代表的なものとしては、株式会社が会社法の定めに従って作成する計算書類等の体系があります。株式会社が株主総会に提出する計算書類には、貸借対照表、損益計算書、株主資本等変動計算書、個別注記表が含まれます。また、株式会社は、計算書類の附属明細書を作成しなければなりません。

　また、上場会社等の金融商品取引法の適用会社が、同法の定めに従って内閣総理大臣に提出し、公衆の縦覧に供される財務諸表には、貸借対照表、損益計算書、株主資本等変動計算書、キャッシュ・フロー計算書、附属明細表が含まれます。

2. 貸借対照表

　貸借対照表には、原則としてすべての資産及び負債を記載しなければなりません。この原則を貸借対照表完全性の原則といいます。ただし、記載すべき資産及び負債の範囲は、資産及び負債の認識の基準に従って決定されています。例えば、（支出額を超えた）自己創設の無形資産は資産として認識されませんし、発生の可能性の低い偶発債務も通常は負債として認識されません。また、重要性の乏しい資産又は負債も、簿外資産又は簿外負債として取り扱われ、必ずしも貸借対照表に記載されるわけではありません。

　さらに、資産及び負債に属する各項目は、適切に分類と配列を行わなければなりません。すでに学んだように、資産の部は流動資産、固定資産及び繰延資産に区分され、負債の部は流動負債と固定負債に区分されます。純資産の部は、株主資本とそれ以外の項目に区分し、さらに株主資本は、資本金、資本剰余金及び利益剰余金に分類しなければなりません。資産及び負債については、一般に、流動性配列法に基づいてそれぞれの区分に属する項目の配列が行われます。流動性配列法は、流動性の高い順から低い順へと配列する方法です。

　貸借対照表の様式には、勘定式と報告式という2つの様式があります。勘定式は、T字型の勘定の左側に資産を、右側に負債と資本を表示する形式です。報告式は、上から下に資産、負債及び資本を順に表示する形式です。勘定式は、貸借対照表に記載すべき資産・負債・資本の状況を概観しやすいという特徴をもっていますが、紙幅の関係で多くの項目を記載することができません。報告式は、多くの項目を記載できるという特徴をもっていますが、一覧性は必ずしも高いとはいえません。わが国では、伝統的に、会社法に基づいて作成される貸借対照表は勘定式

図表 13 - 1　貸借対照表（勘定式）の様式

資産の部		負債の部	
流動資産	×××	流動負債	×××
固定資産	×××	固定負債	×××
有形固定資産	×××	負債合計	×××
無形固定資産	×××	純資産の部	
投資その他の資産	×××	株主資本	×××
繰延資産	×××	資本金	×××
		資本剰余金	×××
		利益剰余金	×××
		自己株式	△×××
		評価・換算差額等	×××
		株式引受権	×××
		新株予約権	×××
		純資産合計	×××
資産合計	×××	負債及び純資産合計	×××

によって、金融商品取引法に基づいて作成される貸借対照表は報告式によって作成されています。

　勘定式による貸借対照表の様式を示すと、**図表 13 - 1** のようになります。

3. 損益計算書

　損益計算書は、すでに学んだように、発生主義の原則、実現主義の原則及び費用収益対応の原則に従って、当期に属する収益及び費用を記載

しなければなりません。収益及び費用は、適切に分類し、さらに区分表示の原則によって、収益及び費用を区分表示することによって、営業利益、経常利益及び当期純利益を記載しなければなりません。

　損益計算書の様式にも、勘定式と報告式という2つのものがあります。勘定式は、T字型の勘定の左側に費用を、右側に収益を表示する形式です。報告式は、上から下に収益及び費用を順に表示する形式です。とくに、収益及び費用を適切に区分表示することによって、報告式には、段階的に様々な利益を表示することができるという長所が認められます。わが国では、会社法に基づいて作成される損益計算書も、金融商品取引法に基づいて作成される損益計算書も、報告式で作成されています。

　報告式による損益計算書の区分を示すと、**図表13-2**のようになります。

図表13-2　損益計算書（報告式）の様式

売上高	×××
売上原価	×××
売上総利益	×××
販売費及び一般管理費	×××
営業利益	×××
営業外収益	×××
営業外費用	×××
経常利益	×××
特別利益	×××
特別損失	×××
税引前当期純利益	×××
法人税、住民税及び事業税	×××
当期純利益	×××

4. 株主資本等変動計算書

　株主資本等変動計算書は、純資産の部を構成する株主資本及び株主資本以外の諸項目について、期首残高から期末残高に至る変動の状況を表示する計算書です。

　損益計算書も、利益剰余金の変動状況を示すフローの計算書ですが、株主資本等変動計算書は、損益計算書に記載される当期純利益以外の、純資産の部を構成する各項目に影響を及ぼす取引その他の事象も表示します。これらの取引・事象には、次のようなものが含まれます。

　　　株主資本
　　　　　資本金　　　　　　株式の発行、計数の変更による増減
　　　　　資本準備金　　　　株式の発行、配当に伴う積立て、計数の変更による増減
　　　　　その他資本剰余金　自己株式の処分・消却、配当、計数の変更による増減
　　　　　利益準備金　　　　配当に伴う積立て、計数の変更による増減
　　　　　その他利益剰余金　当期純利益、配当、計数の変更による増減
　　　　　自己株式　　　　　自己株式の取得・消却・処分
　　　評価・換算差額等　　　当期変動額（純額）
　　　株式引受権　　　　　　当期変動額（純額）
　　　新株予約権　　　　　　当期変動額（純額）

　なお、株主資本を構成する各項目については、変動事由を示すようにその変動が記載されますが、株主資本以外の各項目については、一般に、当期の変動額を純額で表示する方法が採用されています。

194

図表 13-3　株主資本等変動計算書の様式

	株主資本					評価・換算差額等	新株予約権	純資産合計
	資本金	資本剰余金	利益剰余金	自己株式	株主資本合計			
当期首残高	×××	×××	×××	×××	×××	×××	×××	×××
当期変動額								
新株の発行	×××	×××			×××			×××
剰余金の配当			×××		×××			×××
当期純利益			×××		×××			×××
その他の変動額(純額)						×××	×××	×××
当期変動額合計	×××	×××	×××		×××	×××	×××	×××
当期末残高	×××	×××	×××	×××	×××	×××	×××	×××

　株主資本等変動計算書における株主資本の変動状況は、株主との取引について詳しい情報を提供し、特に株主からの拠出と株主への分配（配当、自己株式の取得など）の状況を知るうえで重要であるとされています。

　株主資本等変動計算書の様式を示すと、**図表 13-3** の通りです。

5. キャッシュ・フロー計算書

　キャッシュ・フロー計算書は、企業の一期間におけるキャッシュ・フローの状況を示す計算書です。

　キャッシュ・フロー計算書において示されるキャッシュ・フローは、資金の範囲をどのように決めるかに依存します。現在では、資金の範囲は、現金及び現金同等物というように狭く定義されています。なお、現金及び現金同等物には、手許現金の他、普通預金・当座預金等の要求払預金、さらに容易に換金可能でかつ価格変動リスクの僅少な短期的な投

資（例えば、3か月以内に決済される国債など）が含まれます。

　企業活動の成果は、主として損益計算書において表示されますが、利益を獲得したからといって、現金が増加するとは限りません。すでに学んだように、利益は純資産の増加を伴うものでありますが、必ずしも現金の増加に結び付くわけではありません。キャッシュ・フロー計算書は、利益とは別に企業の一期間におけるキャッシュ・フローの状況を示すことによって、利用者は企業の資金繰りの状況を知ることできます。

　キャッシュ・フロー計算書では、一期間に生じたキャッシュ・フローを営業活動によるキャッシュ・フロー、投資活動によるキャッシュ・フロー及び財務活動によるキャッシュ・フローの3つの区分に分けて表示します。企業活動を営業活動、投資活動及び財務活動に分けて理解することは、企業が生み出すキャッシュ・フローを理解し、さらに企業価値を創出する過程を理解するうえで重要です。企業は、財務活動を通じて株主及び債権者から資金を調達し、これを投資活動を通じて固定資産等に投資し、営業活動を通じて回収していくという過程を繰り返しています。キャッシュ・フロー計算書では、このような企業活動をキャッシュ・フローの視点から表示していると考えられます。

　営業活動によるキャッシュ・フローは、次の直接法と間接法のいずれかの方法によって表示するものとされています。

　　　直接法：主要な取引ごとにキャッシュ・フローを総額表示する方法
　　　間接法：税引前当期純利益に非資金損益項目、営業活動に係る資産及び負債の増減、投資活動によるキャッシュ・フロー及び財務活動によるキャッシュ・フローの区分に含まれる損益項目を加減して表示する方法

　多くの企業は、作成が簡便であることと、利益とキャッシュ・フロー

図表 13 - 4　キャッシュ・フロー採算書の様式

キャッシュ・フロー計算書

（営業活動によるキャッシュ・フロー）

税引前当期純利益	×××
減価償却費	×××
受取配当金	△×××
支払利息	×××
有形固定資産売却益	△×××
投資有価証券売却益	△×××
売掛金の増加額	△×××
棚卸資産の減少額	×××
買掛金の増加額	×××
小計	×××
配当金の受取額	×××
利息の支払額	△×××
法人税等の支払額	△×××
営業活動によるキャッシュ・フロー	×××

（投資活動によるキャッシュ・フロー）

有形固定資産の取得による支出	△×××
有形固定資産の売却による収入	×××
無形固定資産の取得による支出	△×××
投資有価証券の取得による支出	△×××
投資有価証券の売却による収入	×××
投資活動によるキャッシュ・フロー	△×××

（財務活動によるキャッシュ・フロー）

借入による収入	×××
配当金の支払	△×××
財務活動によるキャッシュ・フロー	×××
現金及び現金同等物の増減額	×××
現金及び現金同等物期首残高	×××
現金及び現金同等物期末残高	×××

の関係が分かりやすく表示されることから、間接法を採用しています。

　キャッシュ・フロー計算書の様式例を示すと、**図表 13－4** の通りです。なお、営業活動によるキャッシュ・フローの表示は、間接法によっています。

6. 注記

　企業の活動は、その主要な部分を財務諸表において表示することが可能ですが、すべての活動が財務諸表に反映できるわけではありません。財務諸表は、一定の認識と測定の基準に基づいて記載すべき内容が決められますので、そのような基準に当てはまらない事項は財務諸表には反映されません。

　このような財務諸表の限界に対処し、補完するため、財務諸表の本体と不可分のものとして、財務諸表に対する注記が行われています。

　財務諸表に対する注記には、次のようなものが含まれています。

　　　会計方針の開示

　　　偶発事象

　　　後発事象

　　　1 株当たりの情報

　　　セグメント情報

　　　継続企業の前提

　さらに、収益認識、リース取引、減損、税効果会計、退職給付、金融商品、公正価値などの会計処理に関連して、貸借対照表や損益計算書に記載される情報に関連する詳細な情報を注記によって提供するようになっています。

14 | 連結財務諸表

《本章のポイントと学習の目標》

- 連結財務諸表は、支配従属関係にある親会社及び子会社を単一の経済主体とみなして、作成する財務諸表である。
- 親会社とは、他の会社の意思決定機関を支配する会社をいい、子会社とは当該他の会社をいう。親会社は、すべての子会社を連結の範囲に含めて、連結財務諸表を作成しなければならない。連結財務諸表は、連結貸借対照表、連結損益計算書、連結包括利益計算書、連結株主資本等変動計算書、連結キャッシュ・フロー計算書等から構成される。
- 連結財務諸表の作成に際しては、まず、親会社の投資と子会社の資本を相殺消去する。親会社の投資が子会社の資本を超過する場合には、当該超過額はのれんとして貸借対照表に計上する。のれんは、発生後、20年以内の合理的な期間にわたり償却しなければならない。逆に、親会社の投資が子会社の資本に満たない場合には、当該不足額は負ののれんとして損益計算書における特別利益として計上する。
- 連結会社間の債権債務は、これを相殺消去し、連結貸借対照表から除外しなければならない。
- 連結会社間の取引高は、これを相殺消去し、連結損益計算書から除外しなければならない。
- 連結会社間に未実現利益が存在する場合には、これを消去しなければならない。
- 関連会社に対する投資については、連結財務諸表上、持分法が適用される。関連会社とは、子会社ではないが、投資をする会社が他の会社に重要な影響力を及ぼすことができる場合における当該他の会社をいう。

《キーワード》 連結財務諸表、親会社と子会社、のれん、非支配株主持分、未実現利益、持分法、関連会社、包括利益

1. 連結財務諸表の意義

　連結財務諸表は、支配従属関係にある親会社及び子会社を単一の経済主体とみなして、作成する財務諸表です。本書においては、前章まで会計を行う経済主体として法人格を有する会社を前提に説明してきたので、暗黙の前提として、個別財務諸表に焦点を当ててきました。本章では、企業集団として活動する経済主体を前提とします。

　現代の企業は、多くの場合、親会社と複数の子会社から構成される企業集団として活動しています。親会社と子会社の支配従属関係は、通常、親会社が子会社の株式の一定割合（一般的には過半数）を獲得することによって生じます。親会社と子会社が一体として活動する場合、財務諸表もその実態を反映するようなものでなければ、親会社と子会社から成る企業集団の実態を正確に知ることはできません。とくに、親会社が持株会社である場合、親会社の個別財務諸表には主要な資産として子会社株式が記載されるだけで、企業集団が行う事業の内容を把握することはほとんど不可能です。

　連結財務諸表を作成する実務は、金融商品取引法の規制のもとで発展してきました。現在、上場会社等の金融商品取引法の適用会社は、毎事業年度において内閣総理大臣に提出する有価証券報告書において連結財務諸表を開示しています。

　金融商品取引法のもとで作成される連結財務諸表は、連結貸借対照表、連結損益計算書、連結包括利益計算書、連結株主資本等変動計算書、連結キャッシュ・フロー計算書等から構成されます。会社法のもとでも、連結計算書類を作成して、株主総会の招集通知によって株主に提供されます。連結計算書類には、連結貸借対照表、連結損益計算書、連結株主資本等変動計算書及び連結注記表が含まれます。

2. 子会社の範囲

　連結財務諸表は、親会社とすべての子会社を連結の範囲に含めて作成されます。

　親会社とは、他の会社の意思決定機関を支配する会社をいい、子会社とは当該他の会社をいいます。支配の概念をもって子会社を定義する基準は、支配力基準（実質基準）と呼ばれています。

　ここで、他の会社の意思決定機関を支配するとは、まず、親会社となる会社が他の会社の議決権の過半数を保有する場合をいいます（この判断基準は持株基準（形式基準）と呼ばれます。）。さらに、過半数に至らなくとも、40% 以上の議決権を保有し、かつ、緊密者・同意者と合わせて議決権の過半数を保有する場合や人事・資金・取引・契約などを通じて支配していると判断される場合なども含まれます。

　原則として、すべての子会社を連結の範囲に含めますが、更生会社、破産会社などであって、かつ有効な支配従属関係が存在せず組織の一体性を欠く会社は、子会社に該当しないものとされ、一般に連結の対象としません。また、実務的には、重要性の乏しい子会社も連結の対象としないことができます（このような非連結子会社に対しては、後述する持分法が適用されます。）。

3. 投資と資本の相殺消去

　連結財務諸表の作成に際しては、まず、親会社の投資と子会社の資本を相殺消去します。投資と資本の相殺消去は、次のような手順で行われます。

　　1. 子会社に対する支配を獲得した時点において、子会社の資産及び負債を時価で評価する。

2. 親会社の投資は、子会社に対する支配を獲得した時点における時価で評価する。
3. 子会社の資本と親会社の投資を相殺消去し、相殺消去差額としてのれん又は負ののれんを認識する。
4. 子会社の資本のうち非支配株主に帰属する額を非支配株主持分に振り替える。
5. 支配獲得後に生じた子会社の資本の増加額のうち、親会社株主に帰属する部分は連結上の株主資本とし、非支配株主に帰属する部分は非支配株主持分とする。

（1）子会社の資産及び負債の時価評価

　子会社の資本は、子会社の資産及び負債を時価評価した差額（時価純資産）をいいます。子会社の資産及び負債の時価評価は、支配を獲得した時点の時価に基づいて行われます。通常の資産や負債を取得するに際しては、その時価に相当する対価の受払いがありますが、子会社の取得においても同様の事象が生じるという考え方に基づいています。

（2）親会社の投資の時価評価

　親会社の投資とは、親会社が取得した子会社株式の取得の対価を指します。連結財務諸表の作成に当たって、親会社の投資は、子会社に対する支配を獲得した時点における時価によって評価します。このため、子会社株式の一部を従前より保有する場合には、支配獲得時の時価に評価替えをする必要があります。

　なお、取得のために要する諸費用（取得関連費用）は、連結財務諸表の作成に当たって、親会社の投資には含めず、費用として処理されます。

（3） のれん又は負ののれん

　子会社の資産及び負債を時価評価した結果算定される子会社の資本
は、親会社の投資と相殺消去されます。ここでいう子会社の資本には、
子会社の個別貸借対照表における株主資本と評価・換算差額等に加え
て、時価評価に伴う評価差額が含まれます。次に、この投資と資本の相
殺消去を行った結果として生じる差額（投資消去差額）についてどのよ
うに会計処理を行うかが問題となります。

　親会社の投資が子会社の資本を超過する場合には、当該超過額は、の
れんとして連結貸借対照表に計上することになります。子会社の資本を
超過して親会社が対価を支払うのは、子会社に超過収益力が存在するこ
との証左ですので、のれんを無形固定資産として認識することになりま
す。のれんは、発生後、20年以内の合理的な期間にわたり償却します。
のれんが超過収益力の現在価値であるとすると、その価値は、他者との
競争を通じてやがて消失してしまうだろうということが想定されていま
す。

　逆に、親会社の投資が子会社の資本に満たない場合には、当該不足額
は負ののれん発生益として損益計算書における特別利益として計上する
こととされています。負ののれんが発生する理由としては、認識されて
いない負債の存在などが示唆されますが、負ののれんも企業に経済的便
益の犠牲を要求ものではなく、負債の定義を満たさないことから、損益

図表 14-1　のれんと負ののれん

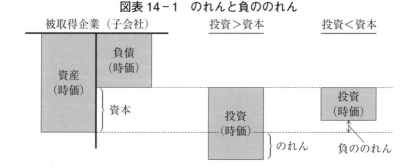

計算書において利益として認識することとされています。

$$親会社による投資－子会社の資本＝\begin{cases} のれん　　　（正の場合）\\ 負ののれん　（負の場合）\end{cases}$$

図表14-1は、のれんと負ののれんがどのように算定されるかを図示しています。

●**設例14-1　子会社の資産及び負債の時価評価とのれん**

P社は、X1年度末においてS社の発行済株式の100%を720,000千円で取得した。X1年度末におけるS社の諸資産は1,000,000千円、諸負債は500,000千円、株主資本は500,000千円であった。なお、諸資産の時価は1,100,000千円であった。

X1年度末において、子会社の資産及び負債の時価評価後の純資産と連結財務諸表に計上すべきのれんの金額を求めなさい。

解答

時価評価後の純資産600,000千円

のれん120,000千円

子会社の資産及び負債の時価評価後の貸借対照表は、次のようになります。

S社　　　　　　　　　修正後貸借対照表　　　　　（単位：千円）

諸　資　産	1,100,000	諸　負　債	500,000
		株　主　資　本	500,000
		評　価　差　額	100,000
	1,100,000		1,100,000

評価差額 = 1,100,000 千円 − 1,000,000 千円 = 100,000 千円

時価評価後の純資産 = 諸資産の時価 1,100,000 千円 − 諸負債の

時価 500,000 千円

= 株主資本 500,000 千円 + 評価差額 100,000

千円

= 600,000 千円

　のれんは、投資と資本（純資産）との差額ですから、次のように計算されます。

のれん = 720,000 千円 − 600,000 千円 = 120,000 千円

（4）非支配株主持分

　親会社が子会社の議決権のすべてを保有する場合（100% 子会社の場合）であれば、親会社以外に子会社の株主は存在しません。100% 子会社でなく、非支配株主が存在する場合には、子会社の資本のうち、非支配株主に帰属する部分は、連結貸借対照表において非支配株主持分として記載することになります。非支配株主持分は、負債には該当しないので、純資産の部に表示されます。ただし、非支配株主持分は、親会社株主の持分である株主資本に該当しないので、純資産の部における株主資本以外の項目として表示されます。

●設例 14-2　非支配株主持分

　P 社は、20X3 年度末に S 社の発行済株式総数の 80% を 9,600 千円で取得し、S 社を子会社とした。P 社及び S 社の 20X3 年度末における個別貸借対照表は、以下の通りである（S 社の個別貸借対照表は、時価評価済）。

　P 社が作成すべき 20X3 年度末の連結貸借対照表を作成しなさい。

P 社（20X3 年度）　　　　　貸 借 対 照 表　　　　　（単位：千円）

流　動　資　産	48,400	流　動　負　債	30,000
固　定　資　産	82,000	固　定　負　債	40,000
子 会 社 株 式	9,600	資　　本　　金	50,000
		利 益 剰 余 金	20,000
	140,000		140,000

S 社（20X3 年度）　　　　　貸 借 対 照 表　　　　　（単位：千円）

流　動　資　産	10,000	流　動　負　債	8,000
固　定　資　産	18,000	固　定　負　債	10,000
		資　　本　　金	7,000
		利 益 剰 余 金	3,000
	28,000		28,000

解答

　連結貸借対照表は、個別の貸借対照表を合算し、その上で以下の連結相殺消去仕訳を行って作成します。

（借）資　　本　　金	7,000	（貸）子 会 社 株 式	9,600
利 益 剰 余 金	3,000	非支配株主持分	2,000
の　れ　ん	1,600		

P社（20X3年度）　　　　連結貸借対照表　　　　（単位：千円）

流　動　資　産	58,400	流　動　負　債	38,000
固　定　資　産	100,000	固　定　負　債	50,000
の　れ　ん	1,600	資　本　金	50,000
		利　益　剰　余　金	20,000
		非支配株主持分	2,000
	160,000		160,000

　支配獲得日において存在している子会社の資本のうち、親会社に帰属する部分は、親会社の投資と相殺消去され、差額が生じた場合はのれんとして処理されます。

　　のれん＝9,600千円－（7,000千円＋3,000千円）×0.8＝1,600千円

また、非支配株主に帰属する部分は、非支配株主持分として表示します。

　　非支配株主持分＝（7,000千円＋3,000千円）×0.2＝2,000千円

　支配獲得日の時点では、親会社による子会社への投資から得られた成果はまだ得られていないので、連結貸借対照表における株主資本と評価・換算差額等には、親会社の個別財務諸表における金額のみが計上されることになります。

（5）　支配獲得後の会計処理

　子会社が、親会社による支配獲得後に利益を獲得し、子会社の資本を増加させる場合、増加した資本のうち親会社株主に帰属する部分は、そのまま連結貸借対照表における株主資本として計上されます。この増加した資本のうち親会社株主に帰属する部分は、親会社による子会社への投資の成果として認識されることになります。これに対して、増加した子会社の資本のうち非支配株主に帰属する部分は、非支配株主持分に加

算されます。

●設例14-3　投資と資本の相殺消去

　設例14-2に引き続き、P社及びS社の20X4年度末における個別貸
借対照表は、以下の通りである。

　P社が作成すべき20X4年度末の連結貸借対照表を作成しなさい。な
お、のれんは、発生年度の翌年度から10年間にわたり定額法によって償
却する。

P社（20X4年度）　　　　　貸 借 対 照 表　　　　　（単位：千円）

流 動 資 産	55,200	流 動 負 債	30,000
固 定 資 産	81,200	固 定 負 債	40,000
子 会 社 株 式	9,600	資 本 金	50,000
		利 益 剰 余 金	26,000
	146,000		146,000

S社（20X4年度）　　　　　貸 借 対 照 表　　　　　（単位：千円）

流 動 資 産	12,500	流 動 負 債	9,000
固 定 資 産	18,000	固 定 負 債	10,000
		資 本 金	7,000
		利 益 剰 余 金	4,500
	30,500		30,500

解答

　連結財務諸表の作成手続において、各年度の連結財務諸表は当該年度

の個別財務諸表を合算することから開始されます。過年度における連結
消去仕訳は、個別財務諸表には反映されていないことから、過年度の連
結消去仕訳を累計して、当該年度の期首現在の連結貸借対照表の修正に
要する仕訳を行う必要があります。この仕訳を、当該年度における開始
仕訳といいます。

　本設例では、**設例14-2**で行った連結消去仕訳が20X4年度の開始仕
訳となります。

（借）資　　本　　金	7,000	（貸）子 会 社 株 式	9,600
利 益 剰 余 金	3,000	非支配株主持分	2,000
の　　れ　　ん	1,600		

　20X4年度に固有の連結消去仕訳としては、子会社の資本（利益剰余
金）の増加額のうち非支配株主に帰属する部分を非支配株主持分に振り
替える仕訳を行う必要があります。非支配株主持分に振り替えるべき金
額は、次の通りです。

　　利益剰余金：（4,500千円－3,000千円）×0.2＝300千円

（借）利 益 剰 余 金	300	（貸）非支配株主持分	300

　また、20X3年度末に計上したのれんの償却を行う必要があります。
のれん償却額は、次の通りです。のれん償却額は、連結貸借対照表にお
いて利益剰余金を減少させます。

　　のれん償却額＝1,600千円÷10年＝160千円

（借）利 益 剰 余 金 　　　（のれん償却額）	160	（貸）の　　れ　　ん	160

　以上より、20X4年度の連結貸借対照表を示すと、次の通りです。

P社（20X4年度）　　　　連結貸借対照表　　　　（単位：千円）

流 動 資 産	67,700	流 動 負 債	39,000
固 定 資 産	99,200	固 定 負 債	50,000
の れ ん	1,440	資 本 金	50,000
		利 益 剰 余 金	27,040
		非 支 配 株 主 持 分	2,300
	168,340		168,340

4. 債権債務の相殺消去

　連結会社間の債権債務は、これを相殺消去し、連結貸借対照表から除外しなければならなりません。例えば、連結会社間における売掛金と買掛金、受取手形と支払手形、貸付金と借入金などが相殺消去すべき債権債務です。

　なお、債権債務の相殺消去に伴って、貸倒引当金も調整する必要があります。

5. 連結会社間取引の相殺消去

　連結会社間の取引高は、これを相殺消去し、連結損益計算書から除外しなければなりません。例えば、連結会社間における売上高と売上原価、受取利息と支払利息、受取配当金と支払配当金、受取賃借料と支払賃借料などが相殺消去すべき取引高です。

　なお、これらの取引高は、損益計算書に表示される収益と費用の場合がほとんどですが、支払配当金は、株主資本等変動計算書に表示される剰余金の減少項目ですので、受取配当金との相殺消去を株主資本等変動計算書と損益計算書との間で行います。

6. 未実現利益の消去

　連結会社間に未実現利益が存在する場合には、これを消去しなければなりません。

　例えば、親会社が子会社に商品を販売する場合において、通常、親会社が付加した利益が子会社の商品の帳簿価額に含まれています。子会社が当該商品を連結企業集団の外部に販売すれば問題がないのですが、未販売のまま期末を迎えたとすると、連結企業集団の内部に未実現利益が残ることになります。この未実現利益は、連結企業集団の当期における企業活動の成果として認識することはできませんので、連結財務諸表の作成手続において消去する必要があります。

　具体的には、子会社における商品の帳簿価額を減額し、同額を売上原価に加算することによって、未実現利益の消去を表現します。売上原価が増加することによって、連結上の利益を減額することができます。なお、当期末において消去された未実現利益は、次期において商品を連結企業集団の外部に販売することによって実現することになりますので、次期においては売上原価から減額する会計処理を行う必要があります。

　例えば、親会社が子会社に対し、原価 100 の商品を 150 で販売した場合を考えます。この商品が子会社を通じて連結外部に販売されていれば、親会社が計上した 50 の利益は、連結損益計算書に計上して何ら問題がありませんが、この商品が子会社において在庫として残っている場合、50 の利益は未実現のままですので、連結損益計算書に計上してはなりません。未実現利益の控除は、連結手続においては、連結会社の個別損益計算書を合算した後に行うことになります。前述の例に従うと、親会社の売上高 150 と子会社の売上原価 150 を相殺消去した後、商品の帳簿価額を 50 だけ減額するとともに、売上原価を 50 増額させることにな

ります。

　以上の取引とP社及びS社の個別財務諸表並びに連結財務諸表における関連数値を示すと、次の**図表14−2**のようになります。

図表14−2　未実現利益の消去

	P社個別	S社個別	個別合算	連結
売上高	150	0	150	0
当期仕入高	100	150	250	100
期末棚卸高	0	150	150	100
売上原価	100	0	100	0
売上総利益	50	0	50	0
商品	0	150	150	100

7.　持分法

　連結財務諸表を作成する会社が、子会社には該当しないものの、一定の投資を通じて他の会社に重要な影響力を及ぼす場合があります。当該他の会社を関連会社といいます。

　関連会社の範囲は、まず、投資をする会社が子会社以外の他の会社に対して20%以上の議決権を有する場合における当該他の会社が含まれ

ます。さらに、子会社以外の他の会社に対して15%以上の議決権を有し、かつ、人事・資金・取引・契約などを通じて重要な影響力を有すると判断される場合における当該他の会社も含まれます。

　関連会社に対する投資（関連会社株式）については、連結財務諸表において、持分法と呼ばれる会計処理方法が適用されます。持分法では、関連会社株式は、持分法評価額で評価されます。持分法評価額は、取得原価に対して被投資会社の利益に対する持分額を加算することによって算定されます。なお、取得原価にのれんが含まれる場合には、その償却額は持分法評価額から控除されていきます。また、関連会社が投資会社に対して行った配当は、連結財務諸表における収益とはしないで、持分法評価額を減額することによって処理します。

●設例 14 － 4　持分法

　当社は、20X1年度末において、A社の発行済株式総数の20%を5,500千円で取得し、同社を関連会社と判定した。20X1年度末におけるA社の純資産は、20,000千円であった。

　A社は、20X2年度において2,500千円の純利益を計上し、1,500千円の配当を行った。

　20X2年度の当社の連結財務諸表における、A社株式の評価額と持分法による投資損益の金額を求めなさい。なお、のれんは、発生年度の翌年度から10年間にわたり定額法によって償却する。

解答

　　　A社株式の評価額　　　　5,550千円
　　　持分法による投資損益　　　350千円

20X1 年度末における A 社株式の取得に当たり、取得原価に含まれるのれんは、次の通りです。

のれん＝5,500 千円－20,000 千円×0.2＝1,500 千円

20X2 年度において計上する持分法による投資損益の額は、次の通りです。なお、のれんの償却額は、1,500 千円÷10 年＝150 千円と計算されます。

$$持分法による投資損益＝2,500 千円×0.2－のれん償却額 150 千円$$
$$＝350 千円$$

20X2 年度末における A 社株式の評価額は、次のように計算されます。

$$A 社株式の評価額＝5,500 千円＋投資損益 350 千円$$
$$－配当 1,500 千円×0.2＝5,550 千円$$

8.　連結財務諸表の作成

連結財務諸表の体系は、金融商品取引法に従って開示すべき財務書類として、連結貸借対照表、連結損益計算書、連結包括利益計算書、連結株主資本等変動計算書、連結キャッシュ・フロー計算書及び連結附属明細表から構成されています。

連結貸借対照表は、連結企業集団の一定時点における財政状態を表示する計算書です。連結貸借対照表においては、個別財務諸表と同様に、資産、負債及び純資産の各部が表示されます。連結貸借対照表に特有の項目としては、純資産の部において、株主資本とは別に非支配株主持分が示されます。また、個別財務諸表において「評価・換算差額等」として示されていた、その他有価証券評価差額金などは、「その他の包括利益累計額」として表示されます。この科目は、後述する連結包括利益計算書の作成に当たり、当期純利益を構成する収益及び費用の各科目とは別に表示されるその他の包括利益の当期末における累計額を示すものです。

　連結損益計算書は、連結企業集団の一定期間における経営成績を表示する計算書です。連結損益計算書においては、個別財務諸表と同様、収益及び費用を営業損益計算、経常損益計算及び純損益計算の各区分に分類して表示します。連結損益計算書においては、営業損益計算の結果として営業利益が、経常損益計算の結果として経常利益が、さらに純損益計算の結果として税金等調整前当期純利益が表示されます。さらに、法人税、住民税及び事業税と法人税等調整額が表示され、当期純利益が示されます。連結損益計算書では、さらに非支配株主に帰属する当期純利益が示され、これを当期純利益から控除する形式で、親会社株主に帰属する当期純利益が最終利益として示されます。

　また、連結財務諸表においては、連結包括利益計算書が作成されます（なお、連結損益計算書と連結包括利益計算書を一体として作成する「連結損益及び包括利益計算書」を作成する方法もありますが、一般的ではないので割愛します。）。連結包括利益計算書では、包括利益が次のように表示されます。

　　　包括利益＝当期純利益＋その他の包括利益

　その他の包括利益は、包括利益には含まれるが当期純利益には含まれないという項目です。具体的には、その他有価証券評価差額金の当期中の増減額が当てはまります。すでに述べたように、個別財務諸表においては純資産直入処理されていた項目です。これは、損益計算書における当期純利益の計算には含まれないものの、純資産の増減をもたらす項目です。包括利益計算書は、仮にこの項目を損益に含めた場合に利益がどのようになるかという観点から作成される計算書です。したがって、包括利益は、企業が保有するその他有価証券の当期中の時価変動額が反映されますので、当期純利益に比べて変動性の高い利益になる傾向があります。

　連結株主資本等変動計算書は、連結貸借対照表における純資産の部の各項目について、当期首から当期末までの変動状況を示す計算書です。連結株主資本等変動計算書も、個別株主資本等変動計算書と同様に、株主資本を構成する各項目については詳細な変動事由ごとの変動額を示しますが、株主資本以外の各項目については当期変動額（純額）のみを示す方法によることが認められています。したがって、その他の包括利益累計額又は非支配株主持分の当期変動額も、一般には、その純額を示すのみとなっています。

　連結キャッシュ・フロー計算書は、連結企業集団の一会計期間におけるキャッシュ・フローの状況を示す計算書です。連結キャッシュ・フロー計算書においても、個別キャッシュ・フロー計算書と同様に、現金及び現金同等物を資金の範囲としてキャッシュ・フローの状況が表示されます。また、同様に、営業活動によるキャッシュ・フロー、投資活動によるキャッシュ・フロー及び財務活動によるキャッシュ・フローの 3 つに区分して表示されます。なお、新たに子会社を取得して連結の範囲に含めた場合、取得に要したキャッシュ・フローは、投資活動によるキャッシュ・フローとして表示され、支配獲得後において非支配株主との取引によって生じるキャッシュ・フローは、親会社株主との取引によって生じるキャッシュ・フローと同様に、財務活動によるキャッシュ・フローの区分において表示されます。

9. 連結財務諸表の様式

　金融商品取引法の開示書類として提出される連結財務諸表のうち、連結貸借対照表と連結損益計算書の具体例を示すと、次の通りです。

【連結貸借対照表】

（単位：百万円）

	前連結会計年度 （X1 年 3 月 31 日）	当連結会計年度 （X2 年 3 月 31 日）
資産の部		
流動資産		
現金及び預金	40,000	67,660
受取手形、売掛金及び契約資産	150,000	140,000
商品	120,000	118,000
貸倒引当金	△ 1,800	△ 1,600
流動資産合計	308,200	324,060
固定資産		
有形固定資産		
建物	350,000	340,000
減価償却累計額	△ 180,000	△ 177,000
建物（純額）	170,000	163,000
土地	88,000	90,000
有形固定資産合計	258,000	253,000
無形固定資産		
ソフトウェア	16,800	17,200
無形固定資産合計	16,800	17,200
投資その他の資産		
投資有価証券	100,000	96,000
長期貸付金	20,000	20,000
繰延税金資産	12,000	10,000
貸倒引当金	△ 200	△ 180
投資その他の資産合計	131,800	125,820
固定資産合計	406,600	396,020
資産合計	714,800	720,080

負債の部		
流動負債		
支払手形及び買掛金	107,000	120,000
未払法人税等	22,000	5,000
短期借入金	33,000	30,000
契約負債	6,000	7,000
賞与引当金	10,000	11,000
流動負債合計	178,000	173,000
固定負債		
長期借入金	85,000	88,000
退職給付に係る負債	55,000	54,500
固定負債合計	140,000	142,500
負債合計	318,000	315,500
純資産の部		
株主資本		
資本金	50,000	50,000
資本剰余金	80,000	78,000
利益剰余金	217,800	225,080
自己株式	△ 20,000	△ 22,000
株主資本合計	327,800	331,080
その他の包括利益累計額		
その他有価証券評価差額金	32,000	34,000
その他の包括利益累計額合計	32,000	34,000
非支配株主持分	37,000	39,500
純資産合計	396,800	404,580
負債純資産合計	714,800	720,080

218

【連結損益計算書】

（単位：百万円）

	前連結会計年度 (自 X0 年 4 月 1 日 至 X1 年 3 月 31 日)	当連結会計年度 (自 X1 年 4 月 1 日 至 X2 年 3 月 31 日)
売上高	1,100,000	1,050,000
売上原価	720,000	722,000
売上総利益	380,000	328,000
販売費及び一般管理費		
給料手当	170,150	177,000
広告宣伝費	52,000	38,610
退職給付費用	12,000	11,000
貸倒引当金繰入額	1,200	900
減価償却費	36,000	35,000
支払賃借料	30,000	31,800
販売費及び一般管理費合計	301,350	294,310
営業利益	78,650	33,690
営業外収益		
受取利息	300	310
受取配当金	1,350	1,500
営業外収益合計	1,650	1,810
営業外費用		
支払利息	1,000	1,100
営業外費用合計	1,000	1,100
経常利益	79,300	34,400
特別利益		
投資有価証券売却益	16,600	
特別利益合計	16,600	

特別損失		
固定資産処分損	3,500	8,000
特別損失合計	3,500	8,000
税金等調整前当期純利益	92,400	26,400
法人税、住民税及び事業税	35,000	8,000
法人税等調整額	△ 2,600	△ 1,100
法人税等合計	32,400	6,900
当期純利益	60,000	19,500
非支配株主に帰属する当期純利益	△ 7,800	△ 4,000
親会社株主に帰属する当期純利益	52,200	15,500

15 財務会計の展開

《本章のポイントと学習の目標》
- 金融商品取引法の定めに従い、上場会社等は、財務諸表及び連結財務諸表について監査を受けなければならない。
- 金融商品取引法に従って、一定の要件を満たす上場会社等は、連結財務諸表を作成するに当たって、指定国際会計基準に準拠することができる。国際的な活動を展開する上場会社等の多くが指定国際会計基準の任意適用を行っている。
- 非営利法人会計には、企業会計における発生主義会計の考え方が導入されてきている。
- 公会計では、歳入と歳出に基づく現金主義による予算・決算が行われている。それに加えて、発生主義会計に基づく財務書類の作成が求められるようになってきている。
- 企業が公表する財務情報に加えて、ESGやサステナビリティに関連する非財務情報の開示が注目されている。

《キーワード》 ディスクロージャー、有価証券報告書、EDINET、監査、公認会計士、国際会計基準、IFRS、非営利法人会計、公会計、サステナビリティ、サステナビリティ基準委員会

1. 財務諸表のディスクロージャー

　現在、企業が作成する財務諸表は、様々な方法で公開されています。一般に、情報の公開は、開示又はディスクロージャー（disclosure）と呼

ばれています。企業が行うディスクロージャーは、法令の定めに従って行われるものもあれば、企業が自主的に行っているものもあり、社会的な制度として形成されています。

　企業内容等のディスクロージャーを規制する法律として最も重要なものは、金融商品取引法です。金融商品取引法は、1億円以上の有価証券の募集又は売出しをする発行者に対して、有価証券届出書を内閣総理大臣に提出することを求めるとともに、すでに発行する有価証券を金融商品取引所に上場されている会社（上場会社）等は、事業年度ごとに、事業年度経過後3か月内に有価証券報告書を作成して、内閣総理大臣に提出しなければなりません。

　有価証券報告書の構成は、おおよそ次のようになっています。「第5【経理の状況】」において連結財務諸表及び（個別）財務諸表が記載されます。

第一部【企業情報】
第1【企業の概況】
　1【主要な経営指標等の推移】
　2【沿革】
　3【事業の内容】
　4【関係会社の状況】
　5【従業員の状況】
第2【事業の状況】
　1【経営方針、経営環境及び対処すべき課題等】
　2【サステナビリティに関する考え方及び取組】
　3【事業等のリスク】
　4【経営者による財政状態、経営成績及びキャッシュ・フローの状況

222

　　の分析】
　5【経営上の重要な契約等】
　6【研究開発活動】
第3【設備の状況】
　1【設備投資等の概要】
　2【主要な設備の状況】
　3【設備の新設、除却等の計画】
第4【提出会社の状況】
　1【株式等の状況】
　2【配当政策】
　3【コーポレート・ガバナンスの状況等】
第5【経理の状況】
　1【連結財務諸表等】
　2【財務諸表等】
第6【提出会社の株式事務の概要】
第7【株式公開情報】
第8【提出会社の参考情報】
第二部【提出会社の保証会社等の情報】

　有価証券報告書は、通常、上場会社等各社のウェブページにおいて開示されています。「IR（投資家向け）情報」などのセクションにおいて閲覧が可能です。

　また、金融庁は、「金融商品取引法に基づく有価証券報告書等の開示書類に関する電子開示システム」（EDINET）を開設し、すべての開示書類をタイムリーに開示しています。

　有価証券届出書及び有価証券報告書において記載されるべき財務諸表

及び連結財務諸表については、その作成方法を定める「財務諸表等規則」、「連結財務諸表規則」などの内閣府令が公布されています。 さらに、これらの規則に定めがない事項については、「一般に公正妥当と認められる企業会計の基準」に従うものとされていて、そのような基準には、金融庁に設置されている企業会計審議会が公表した会計基準に加えて、公益財団法人財務会計基準機構（FASF）に設置されている企業会計基準委員会（ASBJ）が作成・公表し、金融庁長官が「一般に公正妥当と認められる企業会計の基準」と認められることが見込まれるものとして定める企業会計基準等が含まれます。

2. 財務諸表の監査

　上場会社等が外部の投資家向けに開示する財務諸表及び連結財務諸表については、金融商品取引法の定めに従って、公認会計士又は監査法人による監査が行われています。また、一定以上の規模の株式会社に対しては、会社法の定めに従って、会計監査人による計算書類に対する監査が行われています。会計監査人となる者は、公認会計士又は監査法人でなければなりません。

　公認会計士は、公認会計士法に基づいて資格が与えられた会計及び監査の専門家です。国家試験である公認会計士試験に合格し、さらに一定の実務経験を積むとともに実務補習を受け、日本公認会計士協会が行う修了考査に合格することによって、公認会計士の資格が与えられます。公認会計士として業務を行うためには、日本公認会計士協会に会員として加入しなければなりません。監査法人は、5名以上の公認会計士を社員とする組織です。現在の上場会社等は、規模が大きく、企業活動もグローバルになっていますので、現実的には、これらの会社を対象とする監査は、グローバルなネットワークを有する監査法人による組織的な監

査です。

　公認会計士又は監査法人が行う監査は、会社が作成する財務諸表及び連結財務諸表が当該企業及び企業集団の財政状態、経営成績及びキャッシュ・フローの状況について適正に表示しているかどうかについて意見を述べるために行われています。監査の実務は、あくまで財務諸表及び連結財務諸表を作成する責任は会社にあって、監査人たる公認会計士又は監査法人は、監査意見を述べるために必要な監査証拠を収集・評価して、それらの適正性について意見を述べる責任を負うという二重責任の原則に従っています。

　現代の監査は、会社の内部統制に依拠して行われています。監査人は、会社の内部統制の状況についても監査を行って、その有効性について意見を述べます。内部統制の状況を勘案し、不正や誤謬のリスクを評価して、さらに IT 技術を活用した効率的な監査を目指す努力が積み重ねられています。

3.　指定国際会計基準による連結財務諸表の作成

　2010 年 4 月から、金融商品取引法に従って、一定の要件を満たす上場企業等は、国際会計基準に従って、連結財務諸表を作成し、開示することが任意で認められるようになりました。国際会計基準とは、ロンドンに本拠を置く国際会計基準審議会（IASB）（及びその前身である国際会計基準委員会（IASC））が作成する一連の国際会計基準（IAS）及び国際財務報告基準（IFRS）の総体をいいます。わが国においては、厳密には、これらのうち、一連の承認手続を経て、金融庁長官が一般に公正妥当と認められる企業会計の基準として指定した「指定国際会計基準」に従って連結財務諸表を作成することが認められています。

　従前から、経済のグローバル化に伴って、日本の企業が連結財務諸表

の作成に当たって国際会計基準を適用すべきか否か、また、適用する場合にはどの範囲で適用すべきかについて、活発な議論が展開されてきました。その結果、世界的には珍しい、強制適用ではない任意適用が制度化されています。任意適用が認められる企業は、国際会計基準を適用できる体制が整った一定の要件を満たす上場会社等とされ、また、任意適用が認められる財務諸表は連結財務諸表に限定されています。現在では、250 社に及ぶ上場会社等が国際会計基準に従った連結財務諸表を作成・開示しています。これらの企業の多くが、いわゆるグローバルな企業です。すでに国際会計基準を全面的に適用している欧州諸国他の国々の企業、さらには国際会計基準と高い水準での統合が進んだ米国会計基準を適用する米国の企業との間で、連結財務諸表の比較可能性が高まっています。

　日本の会計基準も例外ではなく、企業会計基準委員会（ASBJ）を中心に、1990 年台後半から国際会計基準や米国会計基準との調和化ないし共通化（コンバージェンス）の作業が進められ、現在では、それらの基準との相違は縮小してきています。例えば、包括利益の開示などは、かつてはわが国になかった実務でしたが、現在では、連結財務諸表の中で包括利益の開示が行われるようになりました。

4. 非営利法人会計と公会計

　本書で取り上げてきた会計は、主に企業会計です。企業は、株式会社に代表されるように、営利を目的とする経済主体です。そのため、企業会計も、組織の目的に合致するように、利益の算定と表示を中心に形成されてきました。

　非営利法人は、企業とは異なり、必ずしも利益の獲得を第一の目的とする経済主体ではありません。法律的な形態には、公益法人、学校法人、

社会福祉法人、特定非営利法人（NPO法人）などがあります。非営利法人の会計は、収益・費用の計算ではなく、収入・支出の計算を中心に、予算と決算で法人運営を行うような形式で発展してきました。しかし、近年では、企業会計における発生主義会計の考え方を取り入れ、収益・費用の計算を様々な形で取り入れるようになってきました。例えば、公益法人の会計では、名称こそ損益計算書ではありませんが、公益法人の正味財産の変動状況を表す、正味財産増減計算書において、収益と費用が示され、正味財産の当期の純増減額が示されるようになっており、公益法人の活動の状況が収益と費用によって表現されるようになっています。

　また、国や地方公共団体、及びそれらの関連機関は、公的主体や公的部門（パブリック・セクター）と呼ばれ、国民や市民に対する公的なサービスを提供する経済主体です。近年では、これらの経済主体の会計（公会計といいます。）も大きく変貌を遂げてきています。これらの経済主体の運営は、議会を中心に行われる歳入・歳出（収支）による予算と決算に基づいて行われていますが、議会の意思決定や市民の行政運営の評価の参考となるように、発生主義に基づいた様々な財務書類が作成・公表されるようになっています。例えば、国は、国の財務書類を作成・公表しています。地方公共団体も、発生主義会計に基づいた財務書類の作成・公表が求められるようになっています。

　公的部門の会計の領域でも、国際基準が存在し、国際会計士連盟（IFAC）内に設置されている国際公会計基準審議会（IPSASB）によって国際公会計基準（IPSAS）が公表されています。多くの国において、国内の公会計基準の整備を行うに際してIPSASが参考にされています。

5.　サステナビリティに関する情報開示

　本書で学んだ財務諸表は、一定の認識と測定に関する原則に従って、作成されています。このため、財務諸表に記載される情報には限界があります。言い換えると、認識の原則を満たさない項目は、財務諸表には記載されません。具体例としては、不確実性の高い投資（特に無形資産）や測定が難しい企業活動に関する将来のリスク（偶発債務など）が挙げられます。

　主に財務諸表（注記を含む）において開示されている貨幣額で表現される情報のことを財務情報と呼ぶのに対して、主に財務諸表以外の手段において開示される貨幣額以外の単位で表現される情報や文章などの記述的情報は非財務情報と呼ばれます。以前から非財務情報として、企業を取り巻く環境や社会的責任に関する情報を提供すべきであるといった主張が展開されてきました。この考え方は、特に近年強まる傾向にあり、地球環境に対する影響について記述したり、環境・社会・ガバナンス（ESG）に関連する情報を提供したり、あるいは持続可能社会への貢献（サステナビリティ）に関する情報などを提供することが求められるようになってきています。

　サステナビリティ情報の開示については、国際会計基準審議会（IASB）と併設される国際サステナビリティ基準審議会（ISSB）が国際サステナビリティ開示基準を設定し、さらに、我が国でも財務会計基準機構（FASF）のもとに、企業会計基準委員会（ASBJ）とは別に、サステナビリティ基準委員会（SABJ）が設置され、サステナビリティ情報の開示に関する国内基準の整備が進められるようになってきました。

索引

●配列は五十音順，＊は人名を示す。

●あ 行

アウトプット法　174
洗い替え方式　115
一時差異　184
一般に公正妥当と認められる企業会計の基準　223
一年基準　60, 121
一般債権　111
インプット法　174
受取手形　72
売上原価　75, 177
売上総利益　76, 178
売上高　166
売掛金　72
運用収益　143
営業外収益　179
営業外費用　179
営業活動によるキャッシュ・フロー　195
営業債権　72
営業債務　123
営業収益　166
営業利益　179, 214
オペレーティング・リース取引　98
親会社　200
親会社株主に帰属する当期純利益　214

●か 行

外貨換算会計　19
買掛金　124
会計　10
会計学　12
会計監査人　223
会計期間　18
会計期間の公準　18

会計公準　16
会計実体の公準　17
会計情報　12
会計責任　14
開示　220
開始仕訳　208
会社　10
会社法　152
回収可能価額　63, 72, 95
外部利用者　12
確定決算主義　92
貸方　21, 26
貸倒懸念債権　111
貸倒実績率法　111
貸倒引当金　72, 126
貸倒見積高　111
課税所得　181
株式　153
株式移転　105
株式引受権　151, 162
株式報酬費用　162
株主　12
株主からの出資　149
株主資本　147, 151
株主資本等変動計算書　189, 193
株主への分配　149
貨幣性資産　62
貨幣的測定の公準　18
借方　21, 26
関係会社株式　112
監査　223
監査法人　223
勘定　26
勘定式　190, 192

間接法　195
関連会社　211
関連会社株式　112
企業　10
企業会計　10
企業会計基準委員会　223
企業会計審議会　223
企業結合　104
企業集団　17, 199
期首　20
期末　20
キャッシュ・フロー計算書　189, 194
キャッシュ・フロー見積法　111
吸収合併　105
拠出資本　151
記録　11
金銭債務　123
勤務費用　143
金融資産　64, 111
金融商品取引法　221
偶発債務　190
区分表示の原則　192
繰越試算表　47
繰越利益剰余金　155
繰延税金資産　185
繰延税金負債　185
経営者　12
経過勘定項目　85
経済活動　10
経済事象　11
経済主体　10
経済的資源　10, 58
計算書類　189
経常利益　180, 214
継続企業　18
継続企業の公準　18

継続記録法　76
契約資産　72, 176
契約負債　124, 169
決算　40
決算整理手続　40
原価　65
原価計算　75
減価償却　16, 89
減価償却費　89
減価償却累計額　89
研究開発費　178
現金　71
現金及び現金同等物　194
現金主義会計　53
現在価値　67
減債積立金　155
原材料　74
検収基準　174
減損　94
減損会計　94
減損損失　96
減損の兆候　95
現物出資　88
公会計　226
交換　88
合計残高試算表　39
合計試算表　39
公正価値　64
公正な評価額　89
公的主体　226
公的部門　10, 226
購入　88
公認会計士　223
子会社　200
子会社株式　112
国際会計基準　224

国際会計基準委員会　224
国際会計基準審議会　224
国際会計士連盟　226
国際公会計基準　226
国際公会計基準審議会　226
国際財務報告基準　224
国際サステナビリティ開示基準　227
国際サステナビリティ基準審議会　227
固定資産　60
固定負債　121, 132
個別財務諸表　17
個別注記表　189
個別法　76
コンバージェンス　225

●さ 行
債券金額　72
債権債務の相殺消去　209
債権者　12
財産法　24, 51
再調達価額　66
再調達原価　66
財務活動によるキャッシュ・フロー　195
財務情報　227
財務諸表　20, 48, 189
財務諸表等規制　223
財務内容評価法　111
債務保証損失引当金　130
先入先出法　76
サステナビリティ　227
サステナビリティ基準委員会　227
残価率　92
残存価額　91
残高試算表　39
三分法　79
時価　65, 88

時価会計　82, 83
仕掛品　74
自家建設　88
事業資産　64
自己株式　151, 157
自己金融効果　90
資産　22, 58
資産除去債務　137
試算表　39
試算表等式　24, 52
実体　17
指定国際会計基準　224
支配　59
支配力基準　200
支払手形　124
支払リース料　179
資本　22, 146
資本金　34, 151, 153
資本準備金　151, 153
資本剰余金　151, 153
資本等式　21
資本取引　149
資本振替手続　42
資本利益率　23
締切り　43
社債　133
収益　22, 164
収益性　23
修繕引当金　122, 130
受贈　89
受託責任　14
受託責任遂行機能　14
出資者　12
取得　104
取得関連費用　201
取得原価　63

純会計上の負債　121
純資産　147, 150
純資産直入処理　148
純資産直入法　115
使用価値　64, 96
償却　106
償却原価法　112, 135
償却率　92
商品　74
情報提供機能　12
情報の非対称性　13
正味売却価額　81, 96, 178
剰余金　42
賞与引当金　129
将来加算一時差異　184
将来キャッシュ・フロー　95
将来減算一時差異　184
仕訳帳　30
新株予約権　147, 151, 160
新株予約権戻入益　160
新築積立金　155
進捗度　72, 174
ストック　19
ストック・オプション　161
税金等調整前当期純利益　214
税効果会計　183
正常営業循環過程　60
正常営業循環基準　60, 121
製造原価　177
税引前当期純利益　180
製品　74
製品保証引当金　127, 170
説明責任　14
総勘定元帳　30
測定　11, 65
租税公課　181

その他資本剰余金　151, 154, 157
その他の包括利益　214
その他の包括利益累計額　213
その他の流動資産　70
その他有価証券　115
その他有価証券評価差額金　115
その他利益剰余金　151, 155
ソフトウェア　104
損益計算書　20
損益計算書等式　21, 22, 52
損益取引　149
損益振替手続　41
損益法　24, 52

●た　行
貸借対照表　20, 190
貸借対照表価額　89
貸借対照表完全性の原則　190
貸借対照表等式　21, 52
貸借平均の原理　40
退職給付引当金　141
退職給付費用　144
退職給付見込額　142
耐用年数　91
棚卸記録法　76
棚卸資産　70, 74
棚卸評価損　81, 178
短期貸付金　84
短期借入金　125
中間配当　155
注記　197
長期借入金　132
長期前払費用　85
帳簿　11
帳簿価額　89
直接法　195

定額法　91, 113
ディスクロージャー　220
定率法　92
転記　30
電子記録債権　72
電子記録債務　124
当期純利益　49, 185, 214
当座資産　70
投資　110
投資活動によるキャッシュ・フロー　195
投資者　13
投資その他の資産　110
投資と資本の相殺消去　200
投資有価証券　115
投資有価証券評価損　116
特別修繕引当金　130
特別損失　180
特別利益　180
取引　29
取引価格　170
トレーディング目的で保有する棚卸資産　82

●な　行
内部統制　224
内部利用者　12
二重責任の原則　224
任意積立金　155
年金資産　142
のれん　104, 202

●は　行
パーチェス法　105
売却時価　65
配当平均積立金　155
売買目的有価証券　83

破産更生債権等　111
発生主義会計　53
発生主義の原則　178
販売費及び一般管理費　178
非営利法人　10, 225
比較可能性　225
引当金　125
非財務情報　227
非支配株主に帰属する当期純利益　214
非支配株主持分　204
費用　22, 164
費用性資産　62
費用配分の原則　16, 66
評価　65
評価・換算差額等　115, 148, 151
評価性引当金　126
非連結子会社　200
ファイナンス・リース取引　97
複式簿記　25
負債　22, 120
負債性引当金　126
附属明細書　189
附属明細表　189
負ののれん　202
フロー　19
分配可能額　152
平均法　76
別途積立金　155
変動対価　170
包括利益　214, 225
報告　11
報告式　190, 192
法人税、住民税及び事業税　181
法人税等調整額　184
法律上の債務　121
簿外資産　190

簿外負債　190
簿記　25
簿記一巡の手続　33

●ま　行
前受金　124
前受収益　125
前払費用　85
前渡金　85
満期保有目的の債券　112
未実現利益の消去　210
未収金　85
未収収益　85
未払金　124
未払費用　125
民間部門　10
無形固定資産　103
持株会社　199
持株基準　200
持分　147
持分法　212

●や　行
役員賞与　150
役員賞与引当金　130
有価証券　83
有価証券届出書　221
有価証券報告書　221
有形固定資産　87
有効期間　106
預金　71

●ら　行
リース債務　133
リース取引　97
利益　22

利益準備金　151, 155
利益剰余金　151, 155
利害調整機能　15
履行義務　168
履行差額　138
利息費用　138, 143
利息法　113
流動資産　60, 70
流動性配列法　190
流動負債　121, 123
留保利益　151
利用者　12
歴史的原価　65
連結会社間取引の相殺消去　209
連結株主資本等変動計算書　215
連結環　57
連結キャッシュ・フロー計算書　215
連結計算書類　199
連結財務諸表　17, 199
連結財務諸表規則　223
連結損益計算書　214, 218
連結貸借対照表　213, 216
連結附属明細表　213
連結包括利益計算書　214

●わ　行
割引現在価値　64

■英文
EDINET　222
ESG　227
IASB　224
IFRS　224
IPSAS　226
ISSB　227
M&A　104

SABJ 227

著者紹介

川村　義則(かわむら・よしのり)

1989 年　早稲田大学商学部卒業
1994 年　早稲田大学大学院商学研究科博士後期課程単位取得退学
1996 年　龍谷大学経営学部専任講師
2000 年　早稲田大学商学部専任講師、准教授を経て
現　在　早稲田大学商学学術院教授
専　攻　会計学（財務会計）
主な著書　『新版現代会計学』（共著）中央経済社、2014 年
　　　　　『論点で学ぶ財務会計』新世社、2019 年

放送大学教材　1539574-1-2411（テレビ）

会計学

発　行　　2024 年 3 月 20 日　第 1 刷

著　者　　川村義則

発行所　　一般財団法人　放送大学教育振興会
　　　　　〒 105-0001　東京都港区虎ノ門 1-14-1　郵政福祉琴平ビル
　　　　　電話　03（3502）2750

市販用は放送大学教材と同じ内容です。定価はカバーに表示してあります。
落丁本・乱丁本はお取り替えいたします。

Printed in Japan　ISBN978-4-595-32477-2　C1334